I0539577

BESTACTIVITYBOOKS.COM

PRIMEIRA EDIÇÃO - 2022

Ilustración gráfica adicional: www.freepik.com
Graças a Alekksall, Starline, Pch.vector, Rawpixel.com, Vectorpocket, Dgim-studio, Upklyak, Macrovector, Stockgiu, Pikisuperstar & Freepik.com Designers

5 DICAS PARA COMEÇAR

1) CÓMO RESOLVER LAS SOPA DE LETRAS

Os puzzles têm um formato clássico:

- As palavras estão escondidas sem espaços ou hífenes,...
- Orientação: As palavras podem ser escritas para a frente, para trás, para cima, para baixo ou na diagonal (podem ser invertidas).
- As palavras podem sobrepor-se ou intersectar-se.

2) APRENDIZAGEM ACTIVA

Ao lado de cada palavra há um espaço para anotar a tradução. Para encorajar a aprendizagem activa, um **DICIONÁRIO** no final desta edição permitir-lhe-á verificar e expandir os seus conhecimentos. Procure e anote as traduções, encontre-as no puzzle e adicione-as ao seu vocabulário!

3) MARCAR AS PALAVRAS

Pode inventar o seu próprio sistema de marcação - talvez já use um? Pode também, por exemplo, marcar palavras difíceis de encontrar com uma cruz, palavras favoritas com uma estrela, palavras novas com um triângulo, palavras raras com um diamante, e assim por diante.

4) ESTRUTURANDO A APRENDIZAGEM

Esta edição oferece um **CADERNO DE NOTAS** prático no final do livro. Nas férias, em viagem ou em casa, pode facilmente organizar os seus novos conhecimentos sem a necessidade de um segundo caderno!

5) JÁ TERMINOU TODAS AS GRELHAS?

Nas últimas páginas deste livro, na secção **DESAFIO FINAL**, encontrará um jogo gratuito!

Rápido e fácil! Consulte a nossa colecção de livros de actividades para o seu próximo momento de diversão e **aprendizagem**, a apenas um clique de distância!

Encontre o seu próximo desafio em:

BestActivityBooks.com/MeuProximoLivro

Aos vossos lugares, preparem-se...Vão!

Sabia que existem cerca de 7.000 línguas diferentes no mundo? As palavras são preciosas.

Adoramos línguas e temos trabalhado arduamente para criar livros da mais alta qualidade para si. Os nossos ingredientes?

Uma selecção de tópicos adequados à aprendizagem, três boas porções de entretenimento, e depois acrescentamos uma colherada de palavras difíceis e uma pitada de palavras raras. Servimo-los com amor e máximo divertimento, para que possa resolver os melhores jogos de palavras e se divirta a aprender!

A sua opinião é essencial. Pode participar activamente no sucesso deste livro, deixando-nos um comentário. Gostaríamos de saber o que mais lhe agradou nesta edição.

Aqui está um link rápido para a sua página de encomendas:

BestBooksActivity.com/Avaliacoes50

Obrigado pela vossa ajuda e divirtam-se!

A Equipa Inteira

1 - Dirigindo

G	C	Ộ	B	I	Đ	B	I	D	R	C	B	Ả	N	Đ	Ồ
V	T	Ả	P	C	T	Ư	G	I	Ấ	Y	P	H	É	P	N
Y	Ậ	R	N	Í	I	A	Ờ	Q	K	Đ	Đ	B	P	R	H
L	B	N	Ơ	H	B	A	M	N	C	Ư	Ư	C	H	I	I
I	G	À	C	K	S	A	V	Ạ	G	Ờ	Ờ	N	A	R	Ê
B	U	O	G	H	P	Á	N	N	N	N	N	C	N	M	N
C	O	T	N	V	U	L	T	I	Ọ	G	G	M	H	H	L
I	U	N	Ộ	T	M	Y	V	A	R	P	H	C	Y	K	I
I	H	A	Đ	P	Ể	Á	Ể	T	T	H	Ầ	R	I	R	Ệ
N	K	R	Q	A	I	M	P	N	N	Ố	M	O	B	Y	U
K	B	A	I	Ơ	H	E	X	P	Ậ	Q	D	N	M	T	V
T	H	G	I	C	Y	X	A	B	H	C	A	Q	Y	O	D
M	A	T	I	A	U	T	P	C	T	G	D	V	V	O	Q
P	G	L	K	B	G	T	M	I	D	R	Q	O	M	D	L
H	Y	T	L	N	N	N	P	D	K	Q	H	K	A	M	M
G	I	A	O	T	H	Ô	N	G	I	A	G	P	A	H	N

TAI NẠN
XE HƠI
NHIÊN LIỆU
THẬN TRỌNG
ĐƯỜNG
PHANH
GA-RA
KHÍ
GIẤY PHÉP
BẢN ĐỒ
XE MÁY
ĐỘNG CƠ
ĐI BỘ
NGUY HIỂM
CẢNH SÁT
ĐƯỜNG PHỐ
AN TOÀN
VẬN CHUYỂN
GIAO THÔNG
ĐƯỜNG HẦM

2 - Antiguidades

G	P	Đ	C	L	L	U	D	G	L	N	C	T	G	O	L
I	U	Ầ	B	Ộ	S	Ư	U	T	Ậ	P	H	Ụ	H	A	T
Á	C	U	G	I	Á	K	V	Y	K	M	Ấ	Q	M	Ậ	P
T	A	T	H	T	S	A	I	S	U	H	T	N	E	T	T
R	Ấ	Ư	M	H	D	M	V	V	L	C	L	P	Đ	H	Ậ
Ị	I	H	H	V	B	P	O	G	K	Á	Ư	H	Ồ	Ế	U
C	Q	Q	T	Đ	Ấ	U	G	I	Á	C	Ợ	Ụ	N	K	H
H	V	R	I	I	P	O	P	H	B	G	N	C	G	Ỷ	T
D	O	B	P	R	Ộ	A	L	G	D	N	G	H	X	K	Ệ
C	H	C	Ị	L	H	N	A	H	T	O	C	Ồ	U	U	H
V	R	N	U	N	I	R	Ồ	I	T	H	Ũ	I	R	R	G
G	C	Ắ	H	K	U	Ê	I	Đ	H	P	M	Q	P	N	N
V	P	T	B	K	V	Y	Y	M	U	C	B	M	O	I	H
D	D	B	R	R	G	N	Y	L	L	K	V	C	M	P	M
T	R	A	N	G	T	R	Í	Y	U	L	H	M	V	A	D
Q	L	I	A	G	I	T	M	Q	R	L	I	L	U	I	Q

NGHỆ THUẬT
THẬT
THU
TRANG TRÍ
THANH LỊCH
ENTHUSIAST
ĐIÊU KHẮC
PHONG CÁCH
BỘ SƯU TẬP
ĐẦU TƯ
MỤC
ĐẤU GIÁ
ĐỒ NỘI THẤT
ĐỒNG XU
GIÁ
CHẤT LƯỢNG
PHỤC HỒI
THẾ KỶ
GIÁ TRỊ
CŨ

3 - Churrascos

T	R	Á	I	C	Â	Y	O	Q	K	I	T	I	Ê	U	T
Y	C	L	Y	Q	R	Y	R	L	N	Ó	Ố	H	B	H	L
R	O	T	M	A	O	G	C	P	K	Đ	Y	T	Ữ	U	C
Y	S	H	Q	K	C	B	D	I	T	H	O	M	A	N	D
R	A	T	V	D	C	G	H	P	I	V	A	D	T	Ữ	G
C	L	P	R	C	P	H	D	D	M	L	K	A	R	G	B
Y	A	I	T	Ò	P	C	G	N	G	H	H	O	Ư	I	Q
L	D	C	A	L	C	N	Ư	Ớ	N	G	O	N	A	A	L
U	S	I	K	I	N	H	C	H	P	K	V	T	G	Đ	M
Q	K	C	K	N	L	I	Ơ	Q	A	L	N	U	N	Ì	D
G	L	U	Â	I	N	Y	U	I	M	U	Ố	I	Ư	N	O
R	A	G	M	E	Ẻ	R	T	Q	I	C	P	P	Ớ	H	R
B	A	U	N	T	A	B	H	T	H	M	K	I	C	D	B
B	A	U	H	C	À	C	D	C	Y	R	H	R	X	C	H
I	N	B	Ạ	C	G	L	Ờ	I	M	Ờ	I	T	Ố	G	C
H	Y	D	C	N	Ó	N	G	M	Ù	A	H	È	T	U	U

BỮA TRƯA
LỜI MỜI
TRẺ EM
DAO
GIA ĐÌNH
ĐÓI
GÀ
TRÁI CÂY
NƯỚNG
BỮA TỐI
TRÒ CHƠI
RAU
NƯỚC XỐT
ÂM NHẠC
TIÊU
NÓNG
MUỐI
SALADS
CÀ CHUA
MÙA HÈ

4 - Pesca

L	G	D	K	U	Y	K	C	U	M	H	K	T	U	G	V
H	N	H	T	Q	B	H	H	H	H	A	I	H	B	A	I
M	P	P	M	L	C	C	G	M	G	A	Ê	U	Ấ	N	V
B	Ó	R	P	B	D	T	S	I	A	K	N	Y	Â	D	A
C	I	C	Y	T	I	H	N	Ô	K	V	N	Ề	M	Ồ	I
N	N	D	L	A	T	I	H	R	N	L	H	N	À	Q	H
M	Ư	C	Q	M	B	Ế	V	Q	N	G	Ẫ	Ể	H	U	G
C	Ớ	N	C	C	V	T	Â	H	G	N	N	I	H	T	I
Q	C	G	G	T	A	B	Y	V	P	Ặ	T	B	I	T	D
V	M	K	O	D	O	Ị	U	U	H	N	I	I	V	I	D
Đ	Ạ	I	D	Ư	Ơ	N	G	C	Ó	N	V	Ã	G	P	C
M	Y	N	L	U	O	Y	N	Á	N	Â	Q	B	B	D	T
N	T	B	U	K	H	D	A	I	G	C	V	Q	L	G	K
U	K	B	U	U	Q	N	M	R	Đ	M	Ù	A	V	H	G
K	C	N	C	K	N	K	I	Ổ	Ạ	K	M	Q	Y	M	I
B	H	Y	B	A	V	P	V	O	I	R	V	N	P	K	R

NƯỚC
VÂY
THUYỀN
MANG
CÁI RỔ
NẤU
THIẾT BỊ
PHÓNG ĐẠI
DÂY
MÓC
MỒI
HỒ
HÀM
ĐẠI DƯƠNG
KIÊN NHẪN
CÂN NẶNG
BÃI BIỂN
SÔNG
MÙA

5 - Geologia

Y	M	I	I	S	A	R	L	T	L	X	T	R	D	M	L
L	B	P	M	H	A	M	K	Ớ	Y	Ó	T	C	U	Ă	R
K	B	T	Ấ	Đ	G	N	Ộ	Đ	P	I	R	M	N	N	L
L	Ụ	C	Đ	Ị	A	Y	H	T	B	M	M	H	G	G	U
L	A	N	T	U	P	A	U	Ô	C	Ò	H	A	N	Đ	C
M	U	Ố	I	V	O	R	H	Q	R	N	Ể	N	H	Á	Đ
G	U	I	X	H	Ó	A	T	H	Ạ	C	H	G	A	N	L
N	H	N	A	H	C	Ạ	H	T	L	C	T	Đ	M	Ê	U
K	H	O	Á	N	G	S	Ả	N	N	A	H	Ộ	D	Y	H
C	A	L	C	I	U	M	K	B	G	Ú	N	N	K	U	R
O	O	H	P	L	D	T	U	Y	V	T	I	G	H	G	A
I	C	R	M	G	L	V	G	L	M	H	T	L	K	N	L
B	V	Ù	N	G	T	D	O	V	D	D	N	H	Ử	O	M
H	T	D	I	R	P	B	U	K	C	D	R	I	L	A	N
K	U	Y	T	R	B	Q	R	H	O	H	D	P	H	C	R
G	V	I	Q	M	G	K	N	H	Ũ	Đ	Á	G	N	M	Q

AXIT
LỚP
HANG ĐỘNG
CALCIUM
LỤC ĐỊA
SAN HÔ
TINH THỂ
XÓI MÒN
NHŨ ĐÁ
MĂNG ĐÁ
HÓA THẠCH
DUNG NHAM
KHOÁNG SẢN
ĐÁ
CAO NGUYÊN
THẠCH ANH
MUỐI
ĐỘNG ĐẤT
NÚI LỬA
VÙNG

6 - Ética

S	C	L	T	Ố	T	G	N	Ò	L	R	T	L	T	N	L
Q	Ự	A	N	R	B	T	L	B	D	U	R	Ò	Ô	G	P
B	C	K	Â	H	I	U	M	C	M	K	U	N	N	O	V
G	V	H	H	P	Â	Ế	Y	I	H	B	N	G	T	Ạ	Q
Y	N	U	N	Ô	O	N	T	M	Q	K	G	V	R	I	N
L	H	K	Á	O	N	D	L	H	Q	V	T	Ị	Ọ	G	K
T	C	D	C	L	D	N	Q	O	Ọ	O	H	T	N	I	I
L	Ạ	C	Q	U	A	N	G	Y	Ạ	C	Ự	H	G	A	Ê
G	I	Á	T	R	Ị	A	Y	O	H	I	C	A	C	O	N
T	H	Ư	Ơ	N	G	H	Ạ	I	A	O	M	D	Á	O	N
M	Ẩ	H	P	N	Â	H	N	Ẹ	V	N	À	O	T	R	H
K	H	O	A	N	D	U	N	G	L	I	L	A	P	V	Ẫ
H	A	M	M	H	T	L	M	H	U	I	V	I	Ợ	B	N
V	L	R	Y	H	H	Ợ	P	L	Ý	P	G	D	H	T	C
P	T	R	U	V	A	V	O	N	H	T	I	R	M	D	A
R	V	D	R	V	K	Y	H	I	D	C	K	L	Q	M	G

LÒNG VỊ THA
LÒNG TỐT
THƯƠNG HẠI
HỢP TÁC
NHÂN PHẨM
NGOẠI GIAO
TRIẾT HỌC
TRUNG THỰC
NHÂN LOẠI
CÁ NHÂN
TOÀN VẸN
LẠC QUAN
KIÊN NHẪN
HỢP LÝ
TÔN TRỌNG
SỰ KHÔN NGOAN
KHOAN DUNG
GIÁ TRỊ

7 - Tempo

M	Q	G	I	B	N	T	U	U	O	H	A	P	T	M	A
A	T	C	Ờ	I	G	N	Á	S	I	Ổ	U	B	H	T	Q
N	H	H	K	Y	À	T	H	Á	N	G	P	T	Ế	Y	V
T	L	Ố	I	U	Y	A	Ú	P	R	T	U	B	K	K	K
K	A	C	Ớ	Ư	R	T	N	H	L	H	V	H	Ỷ	K	N
P	O	L	H	Ô	M	Q	U	A	P	Ậ	I	L	Q	R	Q
O	A	Á	V	I	O	T	K	O	H	P	Y	O	K	N	Y
K	D	T	H	Ô	M	N	A	Y	O	K	C	V	L	T	T
L	Ị	C	H	H	R	P	Y	Ư	R	Ỷ	Y	O	K	L	Ư
Q	K	N	P	A	V	Q	C	Đ	R	R	R	Q	B	T	Ơ
B	U	K	M	G	R	M	R	Ồ	R	T	M	D	A	H	N
I	D	K	B	Đ	Ê	M	N	N	I	U	I	M	Q	V	G
T	U	Ầ	N	M	C	Ờ	I	G	Y	Â	B	Ổ	T	Y	L
A	D	P	G	L	I	P	L	H	N	C	I	H	U	B	A
L	N	C	V	T	R	O	D	Ồ	Ă	N	G	A	B	B	I
N	U	T	D	D	Q	T	H	T	M	Ă	N	G	N	À	H

BÂY GIỜ
NĂM
TRƯỚC
HÀNG NĂM
LỊCH
THẬP KỶ
NGÀY
TƯƠNG LAI
HÔM NAY
GIỜ
BUỔI SÁNG
BUỔI TRƯA
THÁNG
PHÚT
CHỐC LÁT
ĐÊM
HÔM QUA
ĐỒNG HỒ
TUẦN
THẾ KỶ

8 - Astronomia

T	M	T	Q	I	G	H	P	V	V	T	U	U	H	H	T
Á	H	Ặ	Ê	Q	T	H	D	Ệ	P	P	V	V	Q	À	T
S	P	I	T	N	L	Ụ	R	T	Ũ	V	I	M	O	N	U
N	H	Ờ	Ê	T	L	O	L	I	S	C	L	C	I	H	A
A	Â	R	G	N	R	Ử	U	N	A	O	T	T	D	T	H
U	N	T	P	D	H	Ă	A	H	O	Y	K	K	M	I	D
Q	B	U	P	V	I	À	N	Q	B	A	C	A	M	N	Q
I	Y	Ầ	I	Q	C	K	K	G	Ă	G	Y	D	C	H	L
À	N	B	Ổ	Y	K	L	B	D	N	P	V	T	Ự	R	B
Đ	C	Ự	H	T	T	Ậ	H	N	G	Y	P	B	L	A	R
T	B	Ứ	C	X	Ạ	P	H	I	H	À	N	H	G	I	A
H	D	B	O	A	S	M	Ò	H	C	N	M	V	N	U	I
I	G	O	A	G	T	I	K	R	U	Q	B	A	Ọ	T	A
Ê	G	G	S	Y	L	O	N	T	Ấ	Đ	I	Á	R	T	T
N	S	I	Ê	U	T	Â	N	T	I	N	H	I	T	V	H
T	I	N	H	V	Â	N	O	G	K	O	B	K	B	I	H

PHI HÀNH GIA
THIÊN
BẦU TRỜI
SAO CHỔI
CHÒM SAO
VŨ TRỤ
NHẬT THỰC
PHẦN
TÊN LỬA
THIÊN HÀ
TRỌNG LỰC
MẶT TRĂNG
SAO BĂNG
TINH VÂN
ĐÀI QUAN SÁT
HÀNH TINH
BỨC XẠ
VỆ TINH
SIÊU TÂN TINH
TRÁI ĐẤT

9 - Acampamento

Q	D	Y	B	I	R	Đ	H	Y	T	M	Q	C	L	U	M
C	Â	Y	B	B	M	Ộ	Q	D	H	R	D	T	O	R	Ặ
C	A	B	I	N	Ũ	N	C	T	I	Ú	N	V	I	G	T
I	H	K	L	U	B	G	P	I	Ê	K	Q	A	O	U	T
R	O	H	G	A	N	V	M	G	N	Ồ	L	N	È	Đ	R
Ừ	B	D	U	R	L	Ậ	P	N	N	À	Ị	L	R	R	Ă
N	V	I	A	O	H	T	N	Õ	H	U	B	P	A	C	N
G	N	Ừ	H	T	Y	Â	D	V	I	B	T	A	Q	S	G
N	B	B	G	G	Q	Y	C	G	Ê	H	Ế	O	L	Ă	N
Ù	K	Ả	Y	C	B	I	Y	L	N	A	I	A	Y	N	C
R	I	P	N	H	N	D	O	R	U	T	H	R	K	B	I
T	R	H	U	Đ	C	R	D	U	I	M	T	M	R	Ắ	Q
N	L	Y	A	C	Ồ	B	L	G	X	U	Ồ	N	G	N	H
Ô	K	Ử	D	L	H	C	R	G	A	Ề	N	G	A	K	Y
C	A	Q	A	I	P	B	P	V	C	L	O	G	K	Y	O
I	H	C	Y	A	L	P	Y	M	Q	L	B	D	N	H	U

ĐỘNG VẬT
CÂY
LA BÀN
CABIN
SĂN BẮN
XUỒNG
MŨ
DÂY THỪNG
THIẾT BỊ
RỪNG
LỬA
CÔN TRÙNG
HỒ
ĐÈN LỒNG
MẶT TRĂNG
VÕNG
BẢN ĐỒ
NÚI
THIÊN NHIÊN
LỀU

10 - Emoções

V	X	V	N	T	K	T	R	I	Â	N	L	M	I	Y	V
K	M	Ấ	Ồ	Ỗ	B	Q	P	U	C	Ả	Ò	T	D	Ê	K
D	B	O	U	D	I	D	N	V	B	N	N	H	N	U	C
I	A	H	B	H	T	S	D	M	I	N	G	Ư	P	I	D
I	A	M	I	O	Ổ	D	Ợ	Ề	O	Á	T	G	Q	C	U
Q	T	O	Ỗ	D	R	U	K	I	N	H	Ố	I	A	C	C
U	P	P	N	I	A	O	U	N	I	C	T	Ã	I	D	P
B	Ị	K	Í	C	H	T	H	Í	C	H	A	N	U	O	P
Q	T	B	Q	Q	N	N	H	À	I	L	Ò	N	G	A	K
V	B	D	O	N	Ì	L	Ì	C	Ả	M	T	H	Ô	N	G
R	L	K	L	U	B	L	V	B	N	G	U	L	Y	Y	C
L	I	U	K	A	N	A	T	M	A	U	L	Ặ	K	U	M
K	S	A	C	I	Ê	O	C	T	M	Ò	V	N	R	T	Y
A	S	N	N	N	Y	R	P	M	H	G	H	G	R	C	I
M	B	D	S	Ự	P	H	Ẫ	N	N	Ộ	L	B	L	Q	Y
N	Ộ	I	D	U	N	G	N	À	D	U	Ị	D	Y	C	O

NIỀM VUI
YÊU
BỊ KÍCH THÍCH
BLISS
LÒNG TỐT
LẶNG
NỘI DUNG
XẤU HỔ
TRI ÂN
NỖI SỢ
HÒA BÌNH
SỰ PHẪN NỘ
THƯ GIÃN
HÀI LÒNG
CẢM THÔNG
DỊU DÀNG
CHÁN NẢN
YÊN BÌNH
NỖI BUỒN

11 - Ficção Científica

P	A	B	B	C	D	H	G	X	U	H	O	Ổ	V	R	L
V	R	A	H	Ô	Y	À	Q	I	A	L	G	N	Ơ	Ư	T
H	V	G	U	N	S	N	T	Á	Ử	X	C	S	N	K	P
T	N	G	M	G	T	H	Y	H	L	U	Ô	D	Á	R	O
C	I	L	Q	N	O	T	N	N	U	K	L	I	T	C	G
T	B	O	R	G	P	I	U	Y	Y	U	A	Ớ	U	Ự	H
C	G	Í	P	H	I	N	H	Y	V	L	G	I	Y	C	P
O	N	M	Ẩ	Ệ	A	H	A	B	B	P	P	G	Ệ	G	T
C	Ợ	K	V	N	M	H	R	B	U	O	I	Ế	T	H	H
H	Ư	R	I	V	C	C	A	Ả	T	O	G	H	V	P	I
Ế	T	C	Ự	H	T	M	N	O	O	B	D	T	Ờ	R	Ê
N	G	U	Y	Ê	N	T	Ử	G	P	T	T	G	I	B	N
Y	N	U	G	N	N	G	R	I	I	M	N	D	Y	N	H
Y	Ở	K	V	V	A	R	K	Á	A	H	K	Y	V	L	À
H	Ư	P	T	A	A	E	L	C	A	R	O	Q	Y	C	K
M	T	K	I	A	N	C	M	P	Y	V	C	M	B	R	B

NGUYÊN TỬ
NHÁI
XA XÔI
DYSTOPIA
NỔ
CỰC
TUYỆT VỜI
LỬA
TƯƠNG LAI
THIÊN HÀ
ẢO GIÁC
TƯỞNG TƯỢNG
SÁCH
BÍ ẨN
THẾ GIỚI
ORACLE
HÀNH TINH
THỰC TẾ
CÔNG NGHỆ
UTOPIA

12 - Mitologia

Q	P	I	Y	P	I	L	S	S	C	C	P	M	K	C	H
L	U	I	K	U	U	T	Á	Ứ	O	V	D	G	T	Y	À
G	I	Á	P	C	A	Ế	N	C	O	H	U	N	H	N	N
S	Q	Y	I	O	O	Y	G	M	R	V	N	Ù	H	I	H
N	É	A	T	V	C	U	T	Ạ	C	Ó	C	H	Ế	T	V
G	C	T	H	H	Ậ	H	Ạ	N	P	D	M	H	R	S	I
U	H	Q	Ả	U	D	T	O	H	T	G	Y	N	V	I	T
Y	I	N	M	Y	G	N	U	C	Ê	M	L	A	T	N	R
Ê	Ế	Ữ	H	Ề	Q	Ề	S	Ự	B	Ấ	T	T	Ử	H	Ả
N	N	A	Ọ	N	N	Y	I	Q	N	S	P	N	C	V	T
M	B	N	A	D	M	U	M	M	M	D	M	R	T	Ậ	H
Ẫ	I	H	Y	I	P	R	V	M	C	V	R	B	K	T	Ù
U	N	H	P	Ệ	P	T	M	Y	M	T	G	U	M	A	T
P	H	Ù	Y	U	L	H	T	G	U	Á	O	H	N	Ă	V
Q	K	N	I	H	L	V	M	Q	C	H	H	C	E	A	M
A	D	G	K	C	Q	A	M	H	G	D	H	Y	N	N	U

NGUYÊN MẪU
GHEN
HÀNH VI
SÁNG TẠO
SINH VẬT
VĂN HOÁ
THẢM HỌA
SỨC MẠNH
CHIẾN BINH
NỮ ANH HÙNG

ANH HÙNG
SỰ BẤT TỬ
MÊ CUNG
TRUYỀN THUYẾT
HUYỀN DIỆU
QUÁI VẬT
CÓ CHẾT
SÉT
SẤM
TRẢ THÙ

13 - Medições

I	Y	P	C	P	R	P	M	G	C	O	Q	I	B	H	R
C	E	N	T	I	M	E	T	M	T	I	U	C	Q	B	D
T	Ấ	N	Y	Q	V	C	C	O	Q	V	Y	A	C	P	A
L	K	P	P	O	R	D	G	Â	M	L	Ư	Ợ	N	G	N
A	M	O	P	H	Ú	T	N	C	H	I	Ề	U	C	A	O
U	U	U	B	N	L	A	Ợ	C	B	O	I	G	O	M	Y
D	U	N	H	T	C	K	Ư	H	H	L	B	Y	T	E	I
N	U	C	L	V	V	L	L	G	V	I	Y	U	O	V	H
B	C	E	V	P	M	D	I	G	B	A	Ề	L	D	M	V
U	Â	S	Ộ	Đ	O	C	Ố	H	C	K	B	U	A	L	T
R	N	Â	H	P	P	Ậ	H	T	T	U	H	N	D	H	P
A	N	M	A	R	G	C	K	C	K	G	C	B	A	À	I
G	Ặ	Y	É	B	D	Ộ	Đ	H	N	Ì	R	T	Q	V	I
U	N	A	M	T	Q	U	M	G	M	I	L	Í	T	I	P
C	G	N	Ộ	R	U	Ề	I	H	C	Y	Y	M	K	M	C
K	I	L	Ô	G	A	M	K	I	L	Ô	M	É	T	V	G

CHIỀU CAO
BYTE
CENTIMET
CHIỀU DÀI
THẬP PHÂN
GRAM
TRÌNH ĐỘ
CHIỀU RỘNG
LÍT
KHỐI LƯỢNG
MÉT
PHÚT
OUNCE
CÂN NẶNG
INCH
ĐỘ SÂU
KILÔGAM
KILÔMÉT
TẤN
ÂM LƯỢNG

14 - Álgebra

L	N	G	O	Ặ	C	K	O	U	Q	U	L	V	G	P	B
S	Ố	L	Ư	Ợ	N	G	T	T	M	K	L	G	L	T	H
S	A	I	G	U	P	N	T	Ổ	H	K	G	I	N	N	V
Q	R	V	H	H	G	V	R	T	N	M	Q	T	C	P	M
B	C	H	N	H	P	T	R	M	Í	G	C	O	A	Á	C
Q	H	B	T	I	H	N	Ì	R	T	G	N	Ơ	Ư	H	P
I	V	Y	M	M	Ũ	K	M	K	N	R	V	G	Q	P	Đ
V	Ô	H	Ạ	N	L	G	R	U	Ế	A	R	G	G	I	Ơ
M	P	G	T	M	Ồ	Ề	K	U	Y	O	M	Q	G	Ả	N
A	H	Y	L	M	R	Đ	G	K	U	B	B	I	R	I	G
T	É	A	L	B	V	N	Ơ	G	T	P	R	L	H	G	I
R	P	L	G	I	U	Ấ	A	S	P	H	Â	N	S	Ố	Ả
Ậ	T	K	Y	M	O	V	T	Ố	B	I	Ế	N	M	G	N
N	R	S	Ố	K	H	Ô	N	G	T	T	R	G	K	Q	H
P	Ừ	V	I	B	L	C	Ô	N	G	T	H	Ứ	C	P	Ó
R	H	I	U	K	U	O	V	N	I	M	C	H	I	T	A

SƠ ĐỒ
PHƯƠNG TRÌNH
MŨ
SAI
TỐ
CÔNG THỨC
PHÂN SỐ
VÔ HẠN
TUYẾN TÍNH
MA TRẬN
SỐ
NGOẶC
VẤN ĐỀ
SỐ LƯỢNG
ĐƠN GIẢN HÓA
GIẢI PHÁP
TỔNG
PHÉP TRỪ
BIẾN
SỐ KHÔNG

15 - Plantas

F	C	U	D	P	A	D	R	L	K	U	Y	H	T	Q	C
L	V	Ư	Ờ	N	N	B	Ừ	Y	Q	U	U	Ạ	B	A	R
O	H	V	K	Q	O	A	N	M	Y	K	T	T	B	O	H
R	P	U	O	C	O	D	G	Ó	Ặ	T	T	Đ	M	I	B
A	O	H	H	Q	U	A	N	R	B	T	D	Ậ	I	V	Y
C	Á	N	H	H	O	A	Ồ	N	Y	N	T	U	Ê	R	T
Ọ	L	B	N	P	Y	U	R	G	T	R	Â	R	P	L	H
H	P	V	O	A	I	P	G	U	C	M	T	H	Ờ	A	Ự
T	B	B	K	D	V	B	N	Ồ	H	U	Y	K	P	I	C
Ậ	Q	U	Ụ	Q	U	B	Ơ	N	N	Q	P	T	Y	H	V
V	Y	P	N	I	Ỏ	T	Ư	G	N	Ọ	M	Ả	U	Q	Ậ
C	C	U	C	L	C	G	X	Ố	T	B	G	L	U	O	T
Ự	R	Q	V	N	C	Â	P	C	Q	G	Y	Y	T	P	H
H	R	V	K	H	Â	T	Y	N	R	T	P	A	M	V	M
T	N	D	P	L	Y	R	M	C	C	M	Q	V	D	Q	G
Q	O	H	B	Q	C	E	H	R	K	Y	O	D	T	K	P

BỤI CÂY
CÂY
QUẢ MỌNG
TRE
THỰC VẬT HỌC
XƯƠNG RỒNG
HẠT ĐẬU
PHÂN BÓN
HOA
FLORA
RỪNG
LÁ
CỎ
IVY
VƯỜN
RÊU
CÁNH HOA
NGUỒN GỐC
MẶT TRỜI
THỰC VẬT

16 - Veículos

P	Ố	L	H	Q	K	T	X	E	T	A	Y	G	A	G	P
H	K	Y	G	Y	K	Ý	À	Đ	Ộ	N	G	C	Ơ	A	G
À	A	O	A	X	A	U	C	U	I	M	L	O	G	I	V
O	I	Ả	T	E	X	B	L	L	N	A	V	A	R	A	C
Y	L	A	U	T	E	E	K	L	A	G	P	O	N	U	C
X	M	D	P	Ắ	Đ	X	R	B	V	N	Ầ	C	M	O	H
L	E	T	P	C	I	Ơ	H	E	X	V	G	M	H	H	A
U	P	Đ	T	X	Ệ	G	P	O	Q	U	T	Q	M	V	Y
Q	L	C	Ạ	I	N	M	Q	É	T	V	A	B	K	G	M
D	U	V	C	P	N	U	Á	K	Y	Q	G	L	A	C	V
L	N	O	Y	P	G	A	V	Y	È	G	Y	B	T	O	H
P	P	I	L	N	Ầ	M	M	Á	B	M	U	R	B	G	L
H	G	Q	O	Q	M	T	B	M	H	A	Ử	L	N	Ê	T
X	E	C	Ứ	U	T	H	Ư	Ơ	N	G	Y	V	A	O	L
Y	P	P	H	R	H	R	K	C	T	H	U	Y	Ề	N	L
H	U	V	I	K	Q	C	T	D	R	L	G	D	R	G	P

XE CỨU THƯƠNG
MÁY BAY
PHÀ
THUYỀN
XE ĐẠP
XE TẢI
CARAVAN
XE HƠI
TÊN LỬA
VAN
BÈ
XE TAY GA
XE ĐIỆN NGẦM
ĐỘNG CƠ
XE BUÝT
LỐP
TÀU NGẦM
XE TẮC XI
MÁY KÉO

17 - Engenharia

C	A	N	Á	O	T	H	N	Í	T	C	T	L	O	K	V
H	T	Ă	Đ	Ư	Ờ	N	G	K	Í	N	H	K	Q	U	O
A	T	N	O	Q	A	C	Ồ	V	K	N	Y	Q	V	Q	Q
H	H	G	V	V	K	O	Đ	B	H	C	T	R	M	A	N
V	L	L	A	Q	Ế	V	Ơ	M	Á	Y	Ẩ	Đ	I	M	H
R	K	Ư	T	Q	T	Á	S	A	M	P	K	O	U	D	V
M	N	Ợ	H	O	C	Ớ	Ư	H	T	H	C	Í	K	K	U
H	K	N	P	C	Ấ	K	D	L	D	Â	Ó	D	D	N	V
L	Y	G	Ổ	L	U	N	M	K	G	N	G	I	Y	V	U
Y	V	N	N	N	Đ	Ộ	S	Â	U	P	T	E	V	I	K
U	H	Ỏ	T	Ự	Đ	T	D	O	T	H	O	S	A	I	B
T	P	L	G	R	D	Ị	B	D	R	Ố	A	E	P	R	L
T	R	T	H	L	Ụ	Y	N	D	T	I	P	L	H	O	Y
D	L	Ấ	O	G	T	C	Â	H	B	V	R	K	U	A	P
D	V	H	R	R	B	Y	A	X	Đ	Ộ	N	G	C	Ơ	U
A	G	C	G	A	R	T	H	K	S	Ứ	C	M	Ạ	N	H

MA SÁT
GÓC
TÍNH TOÁN
XÂY DỰNG
SƠ ĐỒ
ĐƯỜNG KÍNH
DIESEL
KÍCH THƯỚC
PHÂN PHỐI
TRỤC

NĂNG LƯỢNG
ỔN ĐỊNH
KẾT CẤU
SỨC MẠNH
CHẤT LỎNG
MÁY
ĐO
ĐỘNG CƠ
ĐỘ SÂU
ĐẨY

18 - Restaurante # 2

R	M	A	L	P	T	O	I	O	O	I	L	D	M	T	C
L	T	M	R	U	Y	Q	K	G	D	K	C	L	D	D	O
H	D	D	T	R	A	C	M	P	B	V	L	G	O	A	A
D	I	P	A	C	D	I	B	Ữ	A	T	Ố	I	K	M	M
G	R	O	V	D	D	C	C	M	V	H	U	H	Y	P	A
H	M	A	N	Ụ	V	C	Ụ	H	P	Q	U	P	C	M	G
Ế	M	Ó	T	Y	B	K	G	Y	Ú	Q	A	Đ	G	M	C
D	H	U	N	R	N	D	C	B	S	O	Q	Ồ	C	R	P
K	A	G	Ố	K	D	A	Y	Á	U	Q	Q	U	C	G	V
N	H	O	C	I	H	L	Â	N	I	Y	C	Ố	K	R	C
U	R	L	C	G	N	A	C	Ớ	Ư	N	P	N	K	V	G
I	P	H	Y	R	Á	S	I	L	T	O	Ĩ	G	K	G	B
C	Á	B	Y	H	B	U	Á	V	H	G	D	A	B	I	O
B	Ữ	A	T	R	Ư	A	R	B	Ị	N	Y	T	Ă	A	H
C	Á	I	T	H	Ì	A	T	M	A	R	A	U	N	V	A
I	P	O	M	O	N	Y	U	Ì	L	K	M	H	G	Ị	D

BỮA TRƯA
MÓN KHAI VỊ
NƯỚC
ĐỒ UỐNG
BÁNH
GHẾ
CÁI THÌA
NGON
GIA VỊ
TRÁI CÂY
PHỤC VỤ NAM
CÁI NĨA
BĂNG
BỮA TỐI
RAU
MÌ
CÁ
MUỐI
SALAD
SÚP

19 - Países #2

N	N	N	O	N	A	B	E	L	V	A	A	O	K	Q	G
H	G	U	I	B	T	C	R	O	K	K	Q	U	L	K	T
Ậ	A	M	P	G	T	R	K	Y	I	R	E	L	A	N	D
T	C	Y	E	R	E	U	S	Y	R	I	A	V	N	S	M
B	I	O	M	X	A	R	K	V	C	K	R	M	I	O	R
Ả	A	L	Y	A	I	T	I	A	H	M	A	I	A	M	H
N	M	M	B	N	V	C	G	A	Y	Q	N	O	R	A	I
R	A	C	N	U	U	L	O	D	L	Y	M	O	K	L	Y
V	J	V	P	G	K	T	C	N	Ạ	T	L	I	U	I	Y
N	M	H	B	I	Y	O	P	A	P	R	À	B	P	A	M
V	E	I	N	P	N	G	D	G	Á	A	O	H	Q	I	G
P	P	P	I	K	K	B	I	U	H	C	Ạ	M	N	A	Đ
Y	P	N	A	T	S	I	K	A	P	B	T	O	R	V	B
L	K	A	K	L	I	N	D	O	N	E	S	I	A	L	G
U	Q	T	B	M	C	Y	U	C	I	Y	Y	A	A	U	I
A	L	B	A	N	I	A	V	R	B	G	Q	K	P	M	O

ALBANIA
ĐAN MẠCH
PHÁP
HY LẠP
HAITI
INDONESIA
IRELAND
JAMAICA
NHẬT BẢN
LÀO
LEBANON
MEXICO
NEPAL
NIGERIA
PAKISTAN
NGA
SYRIA
SOMALIA
UKRAINA
UGANDA

20 - Material de Arte

P	M	G	Y	O	K	D	N	V	N	M	V	G	T	U	M
B	A	Á	I	O	E	O	Q	O	D	À	B	D	Ẩ	A	À
À	G	S	Y	Ấ	O	P	O	K	A	U	N	B	Y	T	U
N	P	S	T	Ả	Y	Y	A	K	T	S	Q	Y	V	H	N
E	M	Ơ	É	E	N	O	Y	I	V	Ắ	A	G	N	A	Ư
A	Ự	N	S	Q	L	H	I	Ả	H	C	N	À	B	N	Ớ
S	C	H	T	G	M	S	A	C	R	Y	L	I	C	M	C
E	Q	G	Ấ	G	N	B	Q	G	B	A	T	B	O	P	O
L	C	B	Đ	R	O	O	U	N	I	P	N	C	O	Q	V
H	P	H	G	I	A	B	L	B	L	A	B	N	Ư	Ớ	C
N	D	N	A	Y	N	M	B	D	Q	K	Ú	V	Y	N	A
N	U	M	O	Y	V	D	Ầ	U	H	L	T	L	Q	O	I
L	O	M	V	Q	D	C	Y	A	H	L	C	Y	Q	Y	R
N	V	U	C	T	O	L	L	N	C	Ế	H	G	V	B	G
S	Á	N	G	T	Ạ	O	N	O	K	P	Ì	P	D	B	L
I	M	K	A	L	C	Q	N	P	R	O	Q	G	A	O	T

ACRYLIC
TẨY
MÀU NƯỚC
ĐẤT SÉT
NƯỚC
GHẾ
THAN
EASEL
MÁY ẢNH
KEO
MÀU SẮC
SÁNG TẠO
BÀN CHẢI
BÚT CHÌ
BÀN
DẦU
GIẤY
PASTELS
MỰC
SƠN

21 - Números

U	B	K	H	K	V	P	T	Ộ	M	Á	T	I	Ờ	Ư	M
T	Á	M	L	M	L	P	T	Y	Ư	Ă	V	K	Q	I	Ư
U	M	Ư	Ờ	I	L	Ă	M	U	Ờ	N	N	N	R	B	Ờ
H	B	H	Q	Ơ	C	H	Í	N	I	M	V	O	R	Ố	I
L	C	O	N	Ư	G	N	I	H	B	S	Á	U	R	N	B
R	I	Y	I	M	N	Ố	B	O	Ả	R	R	V	O	Â	A
O	P	A	B	I	Ô	B	O	A	Y	M	R	N	B	H	A
Q	K	G	I	A	H	I	Ờ	Ư	M	Ả	C	U	Q	P	H
U	O	B	N	H	K	Ờ	I	U	O	T	B	L	D	P	K
C	L	C	R	Y	Ố	Ư	G	D	C	L	V	I	B	Ậ	D
G	M	V	R	Y	S	M	L	N	T	T	M	A	U	H	M
Y	R	G	L	Q	N	V	Ư	Y	Y	H	K	U	U	T	H
M	Ư	Ờ	I	S	Á	U	K	Ờ	C	M	R	T	M	Y	Y
B	A	O	Q	L	N	Q	V	M	I	T	C	K	A	V	C
M	H	Q	L	G	T	P	M	M	T	A	M	V	L	P	A
Q	B	G	R	H	C	G	H	A	I	H	D	N	Q	V	D

NĂM
THẬP PHÂN
MƯỜI
MƯỜI SÁU
MƯỜI BẢY
MƯỜI TÁM
HAI
MƯỜI HAI
CHÍN
TÁM
MƯỜI BỐN
BỐN
MƯỜI LĂM
SÁU
BẢY
MƯỜI BA
BA
MỘT
HAI MƯƠI
SỐ KHÔNG

22 - Física

L	R	H	Q	I	T	Ấ	H	C	A	Ó	H	U	C	N	B
K	H	Í	Ạ	V	K	R	C	Ô	N	G	T	H	Ứ	C	Q
K	R	Q	P	T	I	K	Ọ	U	Ơ	T	K	V	T	N	I
I	M	Q	V	B	Q	G	R	N	C	D	K	N	Ừ	G	D
K	H	Ố	I	L	Ư	Ợ	N	G	G	C	D	R	T	U	T
H	M	M	M	N	T	P	Â	B	N	L	N	V	Í	Y	G
N	T	Ậ	Y	M	V	Q	H	V	Ộ	N	Ự	Q	N	Ê	L
K	Q	T	G	V	N	K	N	N	Đ	B	I	C	H	N	V
C	V	Đ	L	I	O	H	T	Đ	I	Ệ	N	T	Ử	T	Ậ
R	K	Ộ	A	T	A	R	Ạ	M	Ở	R	Ộ	N	G	Ử	N
C	Ơ	K	H	Í	C	T	H	U	L	D	Q	Ạ	K	T	T
A	T	I	R	P	G	N	Ố	O	A	D	V	O	H	N	Ố
T	Ầ	N	S	Ố	B	T	B	C	Y	T	G	L	P	Â	C
Q	U	O	O	U	A	A	A	P	N	P	R	N	H	H	B
H	T	R	R	D	M	U	H	H	I	V	C	Ỗ	C	P	D
K	O	H	B	R	R	R	Y	Ổ	Q	Y	B	H	H	Y	U

GIA TỐC
NGUYÊN TỬ
HỖN LOẠN
MẬT ĐỘ
ĐIỆN TỬ
MỞ RỘNG
CÔNG THỨC
TẦN SỐ
KHÍ
TRỌNG LỰC
TỪ TÍNH
KHỐI LƯỢNG
CƠ KHÍ
PHÂN TỬ
ĐỘNG CƠ
HẠT NHÂN
HẠT
HÓA CHẤT
PHỔ
VẬN TỐC

23 - Especiarias

O	À	A	D	B	O	G	B	M	G	N	I	L	T	D	C
K	L	M	U	Ố	I	L	M	H	T	U	D	L	L	Y	A
Q	Ì	V	I	A	O	Y	R	H	A	V	I	B	O	U	M
T	H	Ả	O	Q	U	Ả	U	K	C	L	N	T	U	L	T
Ọ	T	N	U	B	Ê	H	O	G	Ị	V	G	N	Ơ	Ư	H
G	N	C	Y	U	I	D	C	I	N	P	T	D	I	D	Ả
N	V	R	P	N	T	V	H	B	O	R	Ỏ	O	D	U	O
A	C	P	V	U	Đ	C	À	R	I	O	I	N	A	V	R
C	A	Â	H	D	Ắ	C	Â	Y	T	H	Ì	L	À	H	A
Q	B	N	Y	D	N	N	P	O	B	G	P	B	A	À	U
H	Q	U	Ế	H	G	U	G	O	D	G	R	H	T	N	M
P	V	B	T	R	Ồ	B	O	H	B	T	Y	O	V	H	Ù
Q	R	Q	V	B	B	I	R	B	Ệ	G	Ừ	N	G	Q	I
H	A	K	R	Y	U	C	D	P	C	T	B	G	L	N	N
N	H	Ụ	C	Đ	Ậ	U	K	H	Ấ	U	Â	C	V	D	H
A	M	U	M	A	O	P	V	U	I	O	U	Y	Q	C	N

NGHỆ TÂY
CAM THẢO
TỎI
ĐẮNG
CÂY HỒI
CHUA
VANI
QUẾ
THẢO QUẢ
CÀ RI
HÀNH
RAU MÙI
CÂY THÌ LÀ
NGỌT
THÌ LÀ
GỪNG
NHỤC ĐẬU KHẤU
TIÊU
HƯƠNG VỊ
MUỐI

24 - Países #1

P	L	N	P	C	O	C	C	L	N	C	L	V	N	O	L
B	M	O	R	O	C	C	O	A	G	G	A	I	L	I	H
A	I	C	Ậ	P	I	A	I	G	M	G	G	A	Q	C	O
C	A	N	A	D	A	B	S	E	Y	P	R	Đ	Ứ	C	N
B	C	M	D	B	B	D	R	N	C	D	U	P	Y	V	M
M	R	U	L	G	T	P	A	E	P	U	Q	C	Y	I	A
A	A	N	R	L	H	G	E	S	M	Y	A	N	H	Y	U
L	A	L	Y	Y	I	P	L	I	O	B	R	D	Ý	I	G
P	B	T	I	U	G	Y	P	G	C	H	I	Q	O	A	A
B	A	L	A	N	A	L	N	Ầ	H	P	O	K	D	R	R
P	A	N	A	M	A	Y	O	B	R	A	Z	I	L	Q	A
T	Â	Y	B	A	N	N	H	A	T	B	K	I	A	L	C
Q	Y	U	Ấ	V	E	N	E	Z	U	E	L	A	U	I	I
L	G	A	N	R	L	D	T	H	B	L	V	T	D	T	N
Q	H	N	Đ	P	G	O	U	M	N	H	M	Y	M	R	G
I	P	K	Ộ	V	M	M	I	V	O	L	C	O	Q	I	H

ĐỨC
BRAZIL
CAMPUCHIA
CANADA
AI CẬP
ECUADOR
TÂY BAN NHA
PHẦN LAN
IRAQ
ISRAEL
ẤN ĐỘ
MALI
MOROCCO
NICARAGUA
NA UY
PANAMA
BA LAN
SENEGAL
VENEZUELA

25 - A Mídia

Đ	H	Ý	G	D	Q	S	C	Ụ	D	O	Á	I	G	H	V
Ị	N	K	B	Y	Y	N	Ự	Ô	C	K	R	G	Q	Ì	I
A	G	I	Ệ	U	T	Í	R	T	N	I	Q	D	G	N	Q
P	O	Ế	R	N	P	B	L	C	H	G	G	Q	Q	H	L
H	B	N	M	H	Ệ	Đ	N	D	T	Ậ	C	V	Q	Ả	I
Ư	A	Á	V	L	I	À	K	Y	R	M	T	Ộ	B	N	Ê
Ơ	G	P	O	A	H	I	M	C	Ự	R	M	V	N	H	N
N	Ả	N	H	T	G	O	A	H	C	N	M	D	Â	G	L
G	Í	H	P	H	N	I	K	P	T	U	I	L	H	Y	Ạ
T	H	Ư	Ơ	N	G	M	Ạ	I	U	N	Q	K	N	G	C
K	M	I	R	A	N	M	G	C	Y	V	M	N	Á	M	P
M	H	P	L	R	Ô	N	Q	M	Ế	B	I	L	C	H	B
T	H	G	I	U	C	C	M	V	N	P	Y	Y	Y	D	M
T	H	Á	I	Đ	Ộ	K	Ỹ	T	H	U	Ậ	T	S	Ố	Ạ
A	A	K	P	H	I	Ê	N	B	Ả	N	R	A	N	I	N
H	G	I	A	C	A	D	U	P	D	Y	A	R	T	N	G

THÁI ĐỘ
THƯƠNG MẠI
LIÊN LẠC
KỸ THUẬT SỐ
PHIÊN BẢN
GIÁO DỤC
SỰ THẬT
KINH PHÍ
ẢNH
HÌNH ẢNH
CÁ NHÂN
CÔNG NGHIỆP
TRÍ TUỆ
BÁO
ĐỊA PHƯƠNG
TRỰC TUYẾN
Ý KIẾN
CÔNG CỘNG
ĐÀI
MẠNG

26 - Casa

V	V	O	T	R	Ầ	N	C	A	V	C	R	T	N	P	G
N	Ò	A	Q	C	T	K	U	V	H	H	Ử	I	D	K	B
N	G	I	V	Ò	I	H	O	A	S	E	N	A	R	A	G
I	Á	V	Ư	Ờ	N	C	H	Ổ	I	L	V	Ó	K	U	N
K	C	R	Q	P	R	Q	B	Y	Y	M	Ả	H	T	G	Ơ
H	X	Q	A	Y	T	H	L	G	H	D	R	K	Ấ	K	Ư
G	É	I	N	N	H	Q	A	U	U	V	T	A	H	D	G
N	P	K	B	M	Ư	D	D	A	T	P	R	Ì	T	T	A
Ờ	H	O	L	B	V	D	H	I	Q	V	È	H	I	B	K
Ư	N	À	V	P	I	Ở	Ư	S	Ò	L	M	C	Ộ	O	O
T	H	R	B	G	Ệ	A	P	V	R	T	C	C	N	D	K
U	C	G	I	Ế	N	C	Ử	A	S	Ổ	Ử	T	Ồ	G	A
T	G	N	Ò	H	P	N	V	V	A	B	A	R	Đ	N	K
A	Q	À	P	T	Y	N	L	V	G	B	U	H	G	C	D
L	M	H	Q	C	K	N	U	I	I	L	O	I	G	K	G
M	A	L	R	D	R	C	N	A	M	P	L	N	R	B	A

THƯ VIỆN
HÀNG RÀO
CHÌA KHÓA
VÒI HOA SEN
RÈM CỬA
NHÀ BẾP
GƯƠNG
GA-RA
CỬA SỔ
VƯỜN
LÒ SƯỞI
ĐỒ NỘI THẤT
TƯỜNG
CỬA
PHÒNG
GÁC XÉP
THẢM
TRẦN
VÒI
CHỔI

27 - Vegetais

B	B	T	Ộ	U	H	C	A	Ư	D	Q	C	C	Q	G	Q
Ô	Ơ	Ỏ	R	Y	U	K	R	V	L	U	G	À	T	A	V
N	L	I	Ả	C	Ủ	C	L	G	B	N	N	R	O	Q	Y
G	P	N	A	T	I	S	Ô	K	K	P	Q	Ố	P	Q	D
C	Ú	I	T	T	C	T	Ẹ	N	O	G	B	T	A	T	O
Ả	S	A	L	A	D	Đ	H	K	O	U	K	R	P	H	B
I	Q	A	Y	K	A	Ậ	Ủ	À	A	M	Í	T	À	C	G
X	Q	U	C	A	P	U	C	I	N	B	Ù	U	U	V	P
A	O	H	Ả	T	H	K	K	K	I	H	T	I	I	K	R
N	Y	C	Y	B	I	M	O	Q	B	Q	I	O	T	Y	A
H	C	À	P	Y	Í	Ấ	C	Y	U	M	A	R	N	Â	A
H	C	C	V	K	G	N	Ừ	G	A	V	Q	R	K	T	Y
P	R	U	V	I	H	I	G	C	R	O	P	D	P	N	K
K	H	O	A	I	T	Â	Y	Ô	G	I	B	M	H	Ầ	N
A	O	N	L	O	Y	L	K	O	C	I	A	O	U	C	I
V	B	C	L	R	Y	P	V	C	Q	L	M	C	D	P	Y

QUẢ BÍ NGÔ
CẦN TÂY
ATISÔ
TỎI
KHOAI TÂY
CÀ TÍM
BÔNG CẢI XANH
HÀNH
CÀ RỐT
CỦ HẸ
NẤM
SÚP LƠ
ĐẬU
RAU BINA
GỪNG
CỦ CẢI
DƯA CHUỘT
SALAD
MÙI TÂY
CÀ CHUA

28 - Adjetivos #1

N	G	H	I	Ê	M	T	R	Ọ	N	G	H	M	L	D	G
T	D	B	H	L	K	P	H	V	Ẫ	Q	N	Ỏ	Ớ	A	B
N	Ẩ	Í	B	K	Ỳ	L	Ạ	U	D	G	A	N	N	H	R
A	G	I	V	O	C	H	I	H	P	K	N	G	T	K	Ộ
C	Ự	H	T	G	N	U	R	T	Ấ	B	M	Ặ	Y	H	N
V	A	T	Ẹ̃	K	H	K	M	Ơ	H	T	P	O	N	G	G
T	I	N	M	T	U	I	P	L	V	Q	D	I	U	G	L
N	U	T	O	Ả	H	N	À	O	H	P	D	G	H	N	Ư
T	M	Y	R	C	G	U	C	H	Ậ	M	H	N	N	Ọ	Ợ
Y	R	B	Ẹ̃	A	U	Y	Ậ	R	M	L	O	B	Y	R	N
U	L	K	P	T	B	U	K	T	I	I	L	C	B	T	G
D	K	D	D	A	Đ	T	Y	M	R	C	Q	G	Y	N	N
G	K	N	A	K	D	Ố	K	H	Ổ	N	G	L	Ồ	A	O
M	K	I	A	U	V	L	I	Ạ	Đ	N	Ẹ̃	I	H	U	Q
K	B	D	G	O	Q	O	Ố	H	N	L	K	K	T	Q	U
G	N	Ọ	V	M	A	H	T	Y	Ầ	Đ	M	U	G	B	Ý

TUYỆT ĐỐI
ĐẦY THAM VỌNG
THƠM
NGHỆ THUẬT
HẤP DẪN
KHỔNG LỒ
TỐI
KỲ LẠ
MỎNG
RỘNG LƯỢNG
LỚN
TRUNG THỰC
QUAN TRỌNG
CHẬM
BÍ ẨN
HIỆN ĐẠI
HOÀN HẢO
NẶNG
NGHIÊM TRỌNG
QUÝ

29 - Psicologia

T	K	B	B	N	A	P	G	D	I	D	M	T	T	K	G
H	I	T	Ấ	R	I	N	K	N	Ệ	H	C	Ộ	U	C	U
Ờ	N	R	B	T	A	K	Q	T	T	H	À	L	C	M	Y
I	H	Ị	I	Y	T	T	L	G	L	K	N	N	C	C	T
T	N	L	C	T	U	Ỉ	T	U	C	K	Y	O	H	K	B
H	G	I	P	G	P	B	N	C	Á	T	Í	N	H	V	Á
Ơ	H	Ệ	D	O	B	A	V	H	K	T	P	P	N	Q	I
Ấ	I	U	A	Q	D	Q	Q	N	C	U	U	M	R	Q	G
U	Ễ	Ả	N	H	H	Ư	Ở	N	G	V	B	T	Ế	M	H
Ơ	M	C	Ấ	I	G	C	Ứ	H	T	M	Ề	I	T	S	N
L	Â	M	S	À	N	G	Ả	C	Ộ	R	D	Ô	C	U	Á
N	H	Ậ	N	T	H	Ứ	C	M	Đ	O	P	T	Ự	Y	Đ
A	U	Y	R	K	I	B	L	N	G	C	B	I	H	N	Y
V	Ấ	N	Đ	Ề	U	K	K	N	N	I	O	Á	T	G	K
K	V	L	M	R	M	O	O	T	U	I	Á	C	T	H	A
I	O	T	O	Q	I	P	C	Ú	X	M	Ả	C	U	Ĩ	K

ĐÁNH GIÁ
LÂM SÀNG
NHẬN THỨC
HÀNH VI
CUỘC HẸN
XUNG ĐỘT
CÁI TÔI
CẢM XÚC
KINH NGHIỆM
BẤT TỈNH
THỜI THƠ ẤU
ẢNH HƯỞNG
SUY NGHĨ
CÁ TÍNH
VẤN ĐỀ
THỰC TẾ
CẢM GIÁC
GIẤC MƠ
TIỀM THỨC
TRỊ LIỆU

30 - Paisagens

G	S	I	G	D	B	Y	R	C	B	G	L	T	M	G	H
S	Ô	O	Ố	C	Đ	Ả	O	Q	Q	Á	H	K	K	H	R
A	N	R	I	Q	S	A	M	B	L	V	N	P	K	B	Ồ
M	G	R	P	T	Ô	A	R	P	I	H	B	Đ	M	I	L
Ạ	B	I	M	G	N	Ô	S	A	Ử	C	I	T	Ả	G	Ã
C	Ă	Y	C	N	G	G	I	Ử	Y	R	Ể	H	H	O	N
Q	N	Ầ	O	A	N	I	I	L	P	Q	N	U	T	G	H
Q	G	L	R	H	Ơ	N	B	I	L	R	T	N	H	I	N
Y	M	M	Y	C	Ư	V	O	Ú	V	B	I	G	Á	T	G
Q	Y	Ầ	T	D	D	K	T	N	C	Ã	D	L	C	N	U
A	U	Đ	V	Q	I	Ồ	Đ	R	C	I	A	Ũ	N	T	Y
Y	O	P	Ả	L	Ạ	D	O	N	A	B	N	N	Ư	R	Ê
P	K	L	A	O	Đ	Q	M	V	C	I	Ú	G	Ớ	K	N
Y	P	K	I	G	Y	V	Ị	N	H	Ể	I	Q	C	I	U
V	A	Q	Y	V	I	K	N	U	V	N	K	N	A	Y	Y
T	G	D	O	R	P	G	H	L	Y	M	Q	V	I	A	Y

THÁC NƯỚC
HANG
ĐỒI
SA MẠC
CỬA SÔNG
SÔNG BĂNG
VỊNH
ĐẢO
HỒ
BIỂN
NÚI
ỐC ĐẢO
ĐẠI DƯƠNG
ĐẦM LẦY
BÁN ĐẢO
BÃI BIỂN
SÔNG
LÃNH NGUYÊN
THUNG LŨNG
NÚI LỬA

31 - Dança

M	K	L	C	Ế	V	A	M	H	G	U	C	Đ	P	V	H
H	T	Ậ	U	H	T	Ệ	H	G	N	Â	Ả	Ố	H	U	U
C	U	Y	U	T	O	V	K	Y	R	Q	M	I	O	I	P
T	Y	K	I	Ư	A	R	K	Y	U	Y	X	T	N	C	M
V	B	H	B	T	M	M	E	U	N	C	Ú	Á	G	U	D
U	U	B	Ẻ	N	M	Ể	M	O	V	G	C	C	T	H	Q
U	G	D	V	Ă	N	H	O	Á	G	Ă	B	I	R	K	A
B	T	O	I	K	L	T	C	Q	Y	R	N	G	À	U	P
T	V	A	U	A	T	Ơ	T	C	M	R	A	H	O	Q	B
C	L	T	V	U	C	C	C	R	P	C	D	P	Ó	R	Y
Ạ	C	C	P	U	A	O	Ổ	N	Ự	O	T	Ị	H	A	G
H	Ọ	C	V	I	Ệ	N	Đ	U	D	C	Y	H	D	Y	I
N	O	I	N	D	O	K	I	R	H	U	Q	N	O	O	Q
M	K	N	D	H	N	U	Ể	C	G	V	C	U	H	Q	D
Â	Q	G	N	Ố	H	T	N	Ề	Y	U	R	T	A	N	N
T	R	Y	B	M	O	N	H	Ả	Y	G	I	T	H	N	M

HỌC VIỆN
VUI VẺ
NGHỆ THUẬT
CỔ ĐIỂN
CHOREOGRAPHY
CƠ THỂ
VĂN HOÁ
VĂN HÓA
CẢM XÚC
ÂN
PHONG TRÀO
ÂM NHẠC
ĐỐI TÁC
TƯ THẾ
NHỊP
NHẢY
TRUYỀN THỐNG
TRỰC QUAN

32 - Nutrição

Y	E	T	A	R	D	Y	H	O	B	R	A	C	M	D	N
K	N	G	O	N	Y	K	B	K	R	B	I	H	K	H	O
Q	V	N	K	R	C	Q	Y	U	K	A	H	Ấ	C	P	P
L	A	Ợ	C	Q	V	H	P	N	Y	V	C	T	Â	P	B
Q	G	Ư	N	Ư	Ớ	C	X	Ố	T	L	K	L	N	L	Y
P	C	L	C	Â	N	B	Ằ	N	G	Ê	T	Ỏ	N	L	A
E	G	T	H	Ư	Ơ	N	G	V	Ị	N	L	N	Ặ	C	L
Q	Ỏ	Ấ	A	C	M	K	T	H	V	M	Ê	G	N	H	B
A	Ó	H	U	Ê	I	T	H	T	D	E	A	I	G	I	N
Y	O	C	K	H	N	U	À	V	Q	N	B	O	K	A	Y
T	U	Ợ	D	C	H	Q	N	H	C	C	M	Đ	Y	N	R
Đ	L	Ư	G	A	Ứ	A	H	C	A	L	O	Ộ	O	Y	Ă
U	Ắ	Đ	M	Y	O	S	P	R	T	N	V	C	D	O	T
B	H	N	Ạ	M	E	Ỏ	H	K	L	C	B	T	I	R	R
K	P	Ă	G	H	B	O	Ầ	I	U	O	G	Ố	U	R	D
V	I	T	A	M	I	N	N	P	R	O	T	E	I	N	R

ĐẮNG
NGON
CALO
CARBOHYDRATE
ĂN ĐƯỢC
ĂN KIÊNG
TIÊU HÓA
CÂN BẰNG
LÊN MEN
THÀNH PHẦN
CHẤT LỎNG
NƯỚC XỐT
CÂN NẶNG
PROTEIN
CHẤT LƯỢNG
HƯƠNG VỊ
KHỎE MẠNH
SỨC KHỎE
ĐỘC TỐ
VITAMIN

33 - Energia

V	H	Y	K	U	C	T	Q	M	Ễ	I	H	N	Ô	B	T
Y	Y	T	L	G	N	Ă	X	Y	Ặ	B	I	Q	P	A	P
R	D	Đ	Ộ	N	G	C	Ơ	N	O	T	O	H	P	G	R
H	R	T	I	Ờ	O	K	B	T	L	Y	T	K	U	G	A
A	O	N	K	Ư	N	H	I	Ệ	T	M	C	R	M	I	R
O	Y	Ạ	M	R	T	D	Ử	T	N	Ệ	I	Đ	Ờ	Ó	V
G	P	C	T	T	O	O	Đ	U	U	Â	A	P	G	I	Y
M	O	G	V	I	C	V	I	A	I	Q	H	V	O	T	Y
G	I	K	U	Ô	Á	K	Ễ	B	H	N	K	N	L	H	B
K	G	A	P	M	U	T	N	I	P	P	Y	D	T	Y	U
C	N	G	O	U	Ệ	I	L	N	Ê	I	H	N	D	Ạ	T
I	K	R	K	B	I	M	E	C	A	R	B	O	N	V	H
A	V	U	O	A	B	B	S	G	C	R	B	R	I	D	P
O	B	M	N	M	Q	C	E	E	N	T	R	O	P	Y	G
I	D	P	B	H	P	Ệ	I	H	G	N	G	N	Ô	C	C
K	H	H	Y	N	H	Q	D	M	A	Y	G	P	H	P	P

MÔI TRƯỜNG
PIN
NHIỆT
CARBON
NHIÊN LIỆU
DIESEL
ĐIỆN
ĐIỆN TỬ
ENTROPY
PHOTON
XĂNG
HYDRO
CÔNG NGHIỆP
ĐỘNG CƠ
HẠT NHÂN
Ô NHIỄM
TÁI TẠO
MẶT TRỜI
TUA-BIN
GIÓ

34 - Disciplinas Científicas

T	H	Ự	C	V	Ậ	T	H	Ọ	C	H	H	N	K	S	K
P	H	M	Ọ	M	H	I	R	Q	Ọ	Ó	Ó	G	I	I	H
T	D	Y	H	O	O	Q	V	Q	H	A	A	Ô	N	N	Í
N	N	G	H	C	A	V	L	M	Ý	S	H	N	E	H	T
B	M	Q	N	T	Â	M	L	Ý	L	I	Ọ	N	S	T	Ư
C	Ọ	H	I	Ộ	H	Ã	X	B	H	N	C	G	I	H	Ợ
Ọ	Ơ	C	S	Y	P	U	T	D	N	H	Ọ	Ữ	O	Á	N
H	M	K	T	T	U	K	M	D	I	N	H	L	L	I	G
T	G	K	H	C	T	Y	D	Q	S	C	Ổ	M	O	T	H
Ấ	H	V	H	Í	M	I	Ễ	N	D	Ị	C	H	G	G	Ọ
H	M	Ầ	H	V	L	K	B	B	G	Y	O	M	Y	Q	C
C	Ọ	H	N	Ă	V	N	Ê	I	H	T	Ả	M	L	K	A
A	L	L	P	K	K	V	Y	R	A	R	H	G	O	Y	C
Ị	V	K	I	K	I	D	O	D	T	Y	K	A	A	O	I
Đ	I	M	N	M	A	N	K	H	O	Á	N	G	G	C	N
V	L	G	T	R	C	Ọ	H	U	Ẫ	H	P	I	Ả	I	G

GIẢI PHẪU HỌC
KHẢO CỔ HỌC
THIÊN VĂN HỌC
SINH HỌC
HÓA SINH
THỰC VẬT HỌC
KINESIOLOGY
SINH THÁI
SINH LÝ HỌC
ĐỊA CHẤT HỌC
MIỄN DỊCH
NGÔN NGỮ
CƠ KHÍ
KHÍ TƯỢNG HỌC
KHOÁNG
THẦN KINH
TÂM LÝ
HÓA HỌC
XÃ HỘI HỌC

35 - Meditação

D	Ạ	Y	U	Q	D	C	Ạ	H	N	M	Â	O	C	P	I
B	R	K	M	U	Ế	H	T	Ư	T	M	U	Y	A	H	M
U	K	M	A	A	R	Ấ	T	Í	H	N	A	M	U	O	L
Q	R	D	D	N	N	P	T	G	R	Ơ	R	L	H	N	Ặ
Q	D	D	B	S	V	N	T	Â	M	T	H	Ầ	N	G	N
I	N	D	N	Á	A	H	Ố	Q	Ể	Ế	Í	U	Ì	T	G
S	E	K	Ê	T	I	Ậ	T	A	I	I	Y	L	B	R	Y
C	U	O	I	D	T	N	G	R	Đ	B	V	A	A	À	T
P	Q	Y	H	H	A	B	N	U	N	G	Q	C	Ò	O	N
M	I	O	N	Q	P	Q	Ò	H	A	N	A	C	H	D	D
R	Ó	V	N	G	M	O	L	G	U	Ò	A	Ả	O	Ú	T
I	H	A	Ê	N	H	K	T	R	Q	L	T	M	H	O	Ý
T	T	V	I	À	P	Ĩ	B	A	D	G	P	X	D	G	I
K	Q	Q	H	R	Y	I	C	Q	D	D	C	Ú	D	Y	H
Y	L	G	T	Õ	D	K	H	Y	Q	Q	A	C	A	R	Y
H	Q	L	R	R	T	H	Ư	Ơ	N	G	H	Ạ	I	I	C

CHẤP NHẬN
CHÚ Ý
LÒNG TỐT
RÕ RÀNG
THƯƠNG HẠI
CẢM XÚC
DẠY
LÒNG BIẾT ƠN
THÓI QUEN
TÂM THẦN
LÍ TRÍ
PHONG TRÀO
ÂM NHẠC
THIÊN NHIÊN
QUAN SÁT
HÒA BÌNH
SUY NGHĨ
QUAN ĐIỂM
TƯ THẾ
IM LẶNG

36 - Artes Visuais

T	O	P	B	D	R	Q	A	D	V	H	Q	Y	G	Đ	K
H	C	H	Ứ	G	R	G	H	N	K	Ẽ	U	D	D	I	I
À	H	I	C	L	Y	U	D	V	H	V	A	Q	N	Ê	Ệ
N	N	M	T	D	H	K	G	M	M	M	N	L	L	U	T
H	P	Ả	R	V	T	Q	O	O	B	P	Đ	C	U	K	T
P	M	N	A	D	C	T	D	T	Ú	B	I	Á	C	H	Á
H	U	H	N	A	N	U	H	D	T	Q	Ể	G	Đ	Ắ	C
Ầ	P	Ụ	H	C	H	N	Ả	A	C	P	M	D	Ồ	C	K
N	C	D	T	P	L	K	A	P	H	T	Y	I	G	U	Q
G	I	Ấ	Y	N	Ế	N	I	I	Ì	L	D	D	Ố	H	L
P	Á	S	R	P	L	G	Q	Ế	I	N	A	M	M	P	B
L	H	A	G	G	V	A	T	T	N	L	B	Q	I	Q	P
O	C	Ấ	S	Á	N	G	T	Ạ	O	T	É	S	T	Ấ	Đ
N	O	R	N	H	N	N	T	K	Y	P	R	H	A	B	B
A	K	Q	R	C	L	N	G	H	Ệ	S	Ĩ	Ú	C	D	P
C	H	Â	N	D	U	N	G	A	V	L	R	Q	C	R	R

ĐẤT SÉT
KIẾN TRÚC
NGHỆ SĨ
CÁI BÚT
VẼ
SÁP
ĐỒ GỐM
THÀNH PHẦN
SÁNG TẠO
ĐIÊU KHẮC
GIẤY NẾN
PHIM ẢNH
ẢNH CHỤP
PHẤN
BÚT CHÌ
KIỆT TÁC
QUAN ĐIỂM
BỨC TRANH
CHÂN DUNG

37 - Moda

N	G	H	Ề	T	H	Ê	U	T	M	A	Y	D	M	U	T
P	H	Ả	I	C	H	Ă	N	G	N	Ớ	Ư	H	U	X	Ố
H	P	V	Q	G	V	M	P	C	V	Ả	I	Y	O	Q	I
C	Ử	A	H	À	N	G	U	H	M	Y	Y	P	Y	Q	G
Ị	I	D	B	U	E	Q	O	T	O	V	N	I	L	A	I
L	I	H	Q	Y	R	Q	P	Y	Á	N	N	H	L	D	Ả
H	I	C	A	P	P	B	V	M	N	Ả	G	G	I	P	N
N	K	Q	V	H	P	K	A	V	Ầ	I	R	C	I	P	V
A	O	V	Q	V	R	Y	O	Y	U	G	B	Đ	Á	Y	D
H	T	H	Ự	C	T	Ế	Đ	H	Q	N	G	Ắ	M	C	G
T	G	Ố	C	N	N	C	Y	O	V	Ơ	T	T	I	K	H
R	M	V	U	Q	C	H	I	Ệ	N	Đ	Ạ	I	Ả	Ế	Q
Q	R	R	K	H	I	Ê	M	T	Ố	N	I	C	O	T	P
P	N	G	Y	C	C	L	G	M	D	Y	B	Y	H	C	M
D	B	M	K	B	A	D	G	B	Q	N	Ú	T	T	Ấ	I
V	T	Y	T	U	C	K	K	N	R	O	Q	C	Q	U	V

PHẢI CHĂNG
NGHỀ THÊU
NÚT
CỬA HÀNG
ĐẮT
THOẢI MÁI
THANH LỊCH
PHONG CÁCH
ĐO
TỐI GIẢN
HIỆN ĐẠI
KHIÊM TỐN
GỐC
THỰC TẾ
REN
QUẦN ÁO
ĐƠN GIẢN
VẢI
XU HƯỚNG
KẾT CẤU

38 - Instrumentos Musicais

T	N	R	D	M	D	À	N	N	H	Ạ	C	H	D	C	B
B	A	S	S	Ư	A	A	P	K	V	M	B	A	H	N	D
O	Y	L	D	D	Ơ	R	Q	O	C	H	N	R	K	O	K
L	Ụ	C	L	Ạ	C	N	I	E	N	O	B	M	O	R	T
L	O	Ạ	C	Y	M	Õ	G	M	Q	K	T	O	I	I	M
E	I	H	B	D	O	V	S	C	B	G	O	N	È	K	A
C	G	N	Ê	I	H	C	Á	Q	Ầ	A	G	I	B	L	N
G	N	À	R	D	T	L	O	O	C	M	U	C	T	P	D
N	Ố	Đ	G	C	E	N	O	H	P	O	X	A	S	G	O
N	R	B	U	V	N	Đ	À	N	G	H	I	T	A	G	L
R	T	G	P	B	I	C	K	Q	Q	B	M	A	N	H	I
Q	A	I	C	B	R	K	G	C	B	Y	H	V	C	G	N
Đ	I	U	P	P	A	L	K	B	P	I	D	K	O	C	L
Ù	O	G	N	Ô	L	Ô	I	V	N	À	Đ	V	G	C	L
I	T	G	K	A	C	P	H	O	M	Q	L	C	P	T	H
G	U	I	A	I	N	L	M	T	M	B	A	L	G	V	G

MANDOLIN
BASS
ĐÙI
CLARINET
DÀN NHẠC
SÁO
HARMONICA
CHIÊNG
ĐÀN HẠC
MARIMBA

LỤC LẠC
GÕ
DƯƠNG CẦM
SAXOPHONE
TRỐNG
TROMBONE
KÈN
ĐÀN GHI TA
ĐÀN VI Ô LÔNG
CELLO

39 - Adjetivos #2

R	A	P	R	Ỡ	I	P	Q	H	L	P	A	V	K	B	A
K	H	Ỏ	E	M	Ạ	N	H	H	A	D	U	T	L	Ì	Y
V	R	H	Q	U	Y	Ê	N	R	R	U	R	Q	P	N	O
U	N	T	Q	À	K	I	A	M	Ớ	I	K	H	Ô	H	T
T	U	M	L	M	N	H	D	Y	V	C	V	M	A	T	K
R	H	R	O	K	R	N	I	L	N	A	I	Ạ	T	H	P
T	I	Ậ	Ạ	K	I	Ự	Ổ	V	I	C	P	N	Ự	Ư	N
M	H	Ả	T	Ô	M	T	N	Y	U	Y	L	H	H	Ờ	Ó
T	Ặ	A	G	Y	A	C	I	U	M	G	R	I	À	N	N
H	R	N	N	N	Ă	N	G	K	H	I	Ế	U	O	G	G
U	L	M	Á	H	U	Y	T	H	K	I	I	R	R	B	T
Ầ	O	V	S	T	L	D	G	Y	O	L	D	L	T	V	U
N	T	H	P	M	Y	Ị	V	Ú	H	T	R	Q	I	A	T
D	À	Y	P	L	C	C	C	R	K	T	U	C	N	B	N
A	I	Ã	D	G	N	A	O	H	U	H	K	R	B	Y	L
I	C	U	Y	I	V	O	K	Q	D	B	C	I	G	O	Y

THẬT
SÁNG TẠO
MÔ TẢ
NĂNG KHIẾU
THANH LỊCH
NỔI DANH
MẠNH
DÀY
THÚ VỊ
TỰ NHIÊN
BÌNH THƯỜNG
MỚI
TỰ HÀO
MÀU MỠ
THUẦN
NÓNG
MẶN
KHỎE MẠNH
KHÔ
HOANG DÃ

40 - Roupas

G	H	Q	P	L	D	D	N	D	O	G	V	V	I	Q	G
T	Ă	M	Ổ	C	G	N	Ò	V	P	D	Ũ	D	Ớ	U	L
H	A	N	C	G	I	Ă	P	A	J	A	M	A	T	Ằ	R
Ắ	Q	C	G	N	V	H	H	A	V	V	V	V	Ạ	N	L
T	I	C	N	T	L	N	A	D	G	Ò	Á	D	P	J	T
L	B	Q	À	M	A	C	U	A	M	N	O	G	D	E	T
Ư	U	P	U	R	A	Y	Q	L	Q	G	C	V	Ề	A	H
N	I	N	Q	B	T	À	Y	K	V	T	Á	D	H	N	Ờ
G	D	D	N	O	N	I	U	Q	Y	A	N	U	É	I	I
V	Á	Y	Ă	C	B	G	Q	Y	P	Y	H	H	G	P	T
C	Á	O	H	K	O	Á	Q	Á	O	L	E	N	B	U	R
H	B	G	K	P	I	L	U	Á	O	S	Ơ	M	I	L	A
V	M	U	K	V	N	G	Ầ	M	M	K	A	B	N	B	N
U	Y	A	M	L	Q	H	N	L	U	N	K	I	M	I	G
Y	D	Y	C	R	K	Q	V	M	O	A	T	I	V	V	M
G	K	K	P	K	D	R	K	A	B	L	Y	A	R	H	N

TẠP DỀ
ÁO CÁNH
QUẦN
ÁO SƠ MI
MŨ
THẮT LƯNG
VÒNG CỔ
ÁO KHOÁC
QUẦN JEAN
KHĂN QUÀNG CỔ
GĂNG TAY
VỚ
THỜI TRANG
PAJAMA
VÒNG TAY
VÁY
DÉP
GIÀY
ÁO LEN
ĂN

41 - Herbalismo

K	L	C	I	I	V	N	V	H	X	O	U	D	H	T	G
N	Ầ	H	P	H	N	À	H	T	Ạ	N	H	P	O	H	R
Ờ	I	R	O	V	M	D	K	A	H	G	L	C	A	Ư	O
Ư	O	R	M	A	L	N	R	I	Ư	T	G	B	O	Ơ	S
V	À	X	A	N	H	N	I	R	Ơ	Y	Ỏ	Q	Ả	N	E
P	L	K	I	M	O	K	P	Q	N	L	N	I	I	G	M
T	Ì	Y	Ợ	P	A	B	G	O	G	B	N	K	H	V	A
G	H	A	L	Á	K	I	N	H	G	I	Ớ	I	Ư	Ị	R
C	T	Ự	Ó	T	G	B	Ợ	I	M	M	B	H	Ơ	K	Y
A	I	O	C	I	V	K	Ư	C	T	B	B	A	N	O	H
M	I	G	R	V	A	R	L	B	M	K	U	B	G	R	Ú
G	U	V	P	L	Ậ	D	T	P	D	N	N	Y	T	E	N
M	K	D	M	O	V	T	Ấ	I	H	A	K	H	Q	G	G
G	I	Ấ	M	Ơ	H	T	H	M	Ù	I	T	Â	Y	A	Q
N	G	H	Ệ	T	Â	Y	C	B	H	C	L	Y	L	N	U
M	U	Q	T	N	K	P	D	P	K	G	Q	U	L	O	Ế

NGHỆ TÂY
ROSEMARY
TỎI
THƠM
CÓ LỢI
GIẤM
HOA
THÌ LÀ
THÀNH PHẦN
VƯỜN
HOA OẢI HƯƠNG
HÚNG QUẾ
LÁ KINH GIỚI
OREGANO
THỰC VẬT
CHẤT LƯỢNG
HƯƠNG VỊ
MÙI TÂY
XẠ HƯƠNG
XANH

42 - Arqueologia

I	Y	I	G	K	A	Y	A	V	Q	R	D	U	A	H	D
M	N	K	I	N	H	U	I	O	I	K	I	G	G	G	Y
B	H	A	Á	U	G	Ô	L	T	I	Y	T	U	N	Đ	V
L	H	I	O	G	C	K	N	T	P	G	Í	K	B	Á	D
H	G	T	S	U	H	Q	L	G	G	U	C	K	H	N	T
V	T	P	Ư	C	T	H	P	M	R	I	H	Ỷ	V	H	C
H	Ó	A	T	H	Ạ	C	H	V	P	Õ	N	N	R	G	L
G	N	D	O	M	B	Í	N	C	O	K	Ả	G	H	I	U
N	Ẩ	Í	B	U	I	T	Q	Y	Q	H	M	U	L	Á	Y
Ề	X	P	O	R	N	N	H	Q	P	O	Ă	Y	T	I	I
Đ	R	Ư	D	Y	D	À	Đ	D	M	Ộ	N	Ê	Y	N	N
I	Ồ	C	Ơ	Y	C	T	Ộ	O	R	C	V	N	Ê	U	Q
Ô	M	G	Y	N	I	A	I	G	N	Ê	Y	U	H	C	B
G	M	U	Ố	N	G	I	Đ	Ố	I	T	Ư	Ợ	N	G	D
N	H	N	I	M	N	Ă	V	N	Ề	N	T	A	U	H	R
A	O	T	V	H	V	A	P	H	Â	N	T	Í	C	H	L

PHÂN TÍCH
NĂM
ĐÁNH GIÁ
ĐỒ GỐM
NỀN VĂN MINH
KHÔNG RÕ
ĐỘI
KỶ NGUYÊN
CHUYÊN GIA
QUÊN

HÓA THẠCH
MẢNH
BÍ ẨN
ĐỐI TƯỢNG
XƯƠNG
GIÁO SƯ
DI TÍCH
TÀN TÍCH
NGÔI ĐỀN
MỘ

43 - Agronomia

A	M	Y	M	B	V	N	Ô	H	T	G	N	Ô	N	P	S
C	Â	Y	V	P	Y	N	M	V	Ệ	V	P	L	Ư	P	Ả
U	P	R	R	O	B	V	P	C	I	T	V	P	Ớ	P	N
Ô	G	N	Ợ	Ư	L	G	N	Ă	N	K	H	H	C	Ệ	X
B	N	Ể	I	R	T	T	Á	H	P	Ự	S	Ố	A	I	U
Ề	Ờ	H	N	Ệ	B	H	Ữ	U	C	Ơ	B	H	N	H	Ấ
N	Ư	M	I	N	K	K	R	C	O	L	U	Ạ	Ó	G	T
V	R	X	Á	Ễ	G	Q	K	Ọ	G	Q	T	T	B	N	Q
Ữ	T	Ó	H	B	M	V	R	H	L	D	U	G	N	G	I
N	I	I	T	L	D	L	M	A	I	I	T	I	Â	N	C
G	Ô	M	H	D	R	P	M	O	U	L	G	Ố	H	Ô	I
R	M	Ò	N	N	K	K	N	H	P	N	O	N	P	N	G
R	Y	N	I	T	I	Y	G	K	P	G	C	G	C	L	R
A	T	Q	S	V	K	C	K	V	V	P	C	P	U	M	I
T	C	M	U	K	L	I	Q	Đ	Ấ	T	K	C	L	M	K
U	V	O	R	U	H	U	H	U	P	L	V	B	K	V	K

NÔNG NGHIỆP
MÔI TRƯỜNG
NƯỚC
KHOA HỌC
SỰ PHÁT TRIỂN
BỆNH
SINH THÁI
NĂNG LƯỢNG
XÓI MÒN
PHÂN BÓN
RAU
HỮU CƠ
CÂY
Ô NHIỄM
SẢN XUẤT
NÔNG THÔN
HẠT GIỐNG
HỆ THỐNG
ĐẤT
BỀN VỮNG

44 - Frutas

Q	Q	U	Y	B	Y	C	Y	K	I	H	G	P	P	P	H
Q	U	U	U	P	A	R	Â	L	N	G	O	P	O	G	V
U	T	Ả	Ả	Đ	À	O	Y	Y	R	L	K	Y	G	Y	V
Ả	R	Y	K	A	P	Á	K	A	X	H	H	U	L	Q	N
M	Á	C	M	I	N	T	D	Ứ	A	U	K	U	G	C	K
Ọ	I	H	A	Ô	W	H	N	Ì	H	B	Â	M	A	K	I
N	X	U	L	X	L	I	Đ	P	Ê	L	H	N	A	H	C
G	O	Ố	I	M	C	Q	O	À	A	A	K	Ủ	Đ	U	Đ
M	À	I	V	Â	Q	G	T	B	O	C	R	H	M	À	V
L	I	V	T	M	B	D	B	O	H	K	L	T	T	B	O
U	I	R	T	C	N	L	M	D	N	B	Q	U	Ả	M	Ơ
H	K	P	I	P	D	U	C	T	V	E	O	D	H	N	P
P	U	Q	O	D	N	M	Y	L	A	R	C	A	M	D	T
U	T	A	U	D	B	U	U	T	B	R	L	Ừ	P	Q	T
T	R	Á	I	B	Ơ	A	U	U	O	Y	Y	D	K	C	U
C	B	N	U	U	V	B	U	N	L	O	V	H	N	C	H

TRÁI BƠ
DỨA
BLACKBERRY
QUẢ MỌNG
CHUỐI
QUẢ ANH ĐÀO
DỪA
QUẢ MƠ
HÌNH
MÂM XÔI

QUẢ KIWI
CAM
CHANH
TÁO
ĐU ĐỦ
TRÁI XOÀI
CÂY XUÂN ĐÀO
LÊ
ĐÀO
NHO

45 - Corpo Humano

V	H	B	T	C	A	G	T	M	À	H	P	A	D	L	G
M	L	R	M	G	Ổ	L	U	Á	C	T	Ắ	M	M	Ắ	T
M	A	D	P	P	K	L	P	U	L	M	N	V	T	M	R
K	R	A	B	P	U	R	N	O	C	I	V	A	I	A	T
G	A	M	T	U	N	V	U	D	Y	C	A	T	Ố	A	L
N	G	Ó	N	T	A	Y	N	R	I	U	L	Ó	G	N	U
Ệ	Â	Y	Y	T	H	A	K	K	A	D	A	C	U	Q	Y
I	L	H	B	V	R	T	L	C	B	T	T	V	Ầ	H	R
M	Ằ	C	C	R	T	L	G	Q	H	L	N	Q	Đ	L	R
I	O	Y	Y	R	Q	U	B	O	B	D	Q	V	T	U	I
T	Q	P	L	M	R	O	N	N	K	D	I	A	U	I	N
T	R	Á	N	K	H	U	Ỷ	U	T	A	Y	Đ	A	Q	H
C	K	K	D	P	B	V	I	K	C	V	I	K	Ầ	K	L
U	O	D	K	V	G	M	Y	M	D	I	L	U	B	U	T
V	U	Q	Q	V	P	O	Y	Ũ	G	H	Y	B	Y	U	P
U	O	C	Q	T	H	R	I	I	C	M	D	Y	U	D	C

MIỆNG
ĐẦU
ÓC
TIM
KHUỶU TAY
NGÓN TAY
ĐẦU GỐI
HÀM
TAY
MŨI
MẮT
VAI
TAI
DA
CHÂN
CỔ
CẰM
MÁU
TRÁN
MẮT CÁ

46 - Caminhada

T	A	R	O	C	T	S	G	V	Q	Y	A	Q	C	H	I
H	R	G	Y	H	H	Ự	C	Q	Y	Q	I	M	K	O	A
I	R	Y	R	U	Ờ	Đ	B	Ắ	P	Q	I	N	H	A	M
Ê	L	G	D	Ẩ	I	Ị	V	G	M	K	I	G	Í	N	B
N	B	I	Q	N	T	N	K	H	H	T	Ờ	M	H	G	Y
N	K	K	Q	B	I	H	Y	G	K	R	R	Q	Ậ	D	T
H	C	D	Y	Ị	Ế	H	Q	M	R	L	T	Ạ	U	Ã	K
I	Ô	D	K	C	T	Ư	H	B	D	Q	T	I	I	B	N
Ê	N	G	Q	R	M	Ớ	R	P	O	A	Ặ	M	K	Ú	K
N	G	G	O	Ồ	Đ	N	Ả	B	N	A	M	D	K	K	N
V	V	G	R	Đ	M	G	N	Ố	Y	À	I	G	A	I	B
K	I	D	C	Á	M	Ố	I	N	G	U	Y	H	I	Ể	M
N	Ê	N	Ư	Ớ	C	V	Á	C	H	Đ	Á	D	K	U	N
M	N	H	Ư	Ớ	N	G	D	Ẫ	N	H	G	R	V	A	M
H	Ệ	N	Ặ	N	G	Y	U	H	N	H	K	I	O	N	Q
C	K	T	Ậ	V	G	N	Ộ	Đ	A	I	A	Y	N	Y	V

CẮM TRẠI
ĐỘNG VẬT
NƯỚC
GIÀY ỐNG
MỆT
KHÍ HẬU
HƯỚNG DẪN
BẢN ĐỒ
NÚI
THIÊN NHIÊN
SỰ ĐỊNH HƯỚNG
CÔNG VIÊN
ĐÁ
VÁCH ĐÁ
MỐI NGUY HIỂM
NẶNG
CHUẨN BỊ
HOANG DÃ
MẶT TRỜI
THỜI TIẾT

47 - Biologia

Y	H	V	U	C	B	N	Ế	I	B	T	Ộ	Đ	H	T	C
G	T	V	U	V	Y	L	G	H	Q	I	Q	A	Ô	H	Ộ
T	H	Ẩ	M	T	H	Ấ	U	Ủ	H	L	I	Q	H	Ầ	N
Á	Q	A	L	C	H	I	M	T	Đ	L	U	A	Ấ	N	G
S	U	L	T	V	T	U	Q	P	B	Ô	O	C	P	K	S
Ò	A	U	M	H	Y	D	E	M	Y	Z	N	E	P	I	I
B	N	Ê	I	H	N	Ự	T	H	D	A	Y	G	L	N	N
K	G	G	I	Ả	I	P	H	Ẫ	U	H	Ọ	C	C	H	H
Y	H	N	Y	G	C	C	P	H	V	I	K	H	U	Ẩ	N
Y	Ợ	H	A	G	U	R	A	Y	Q	Ô	Q	M	U	T	E
I	P	I	L	R	G	V	M	A	Ó	H	N	Ế	I	T	G
R	A	V	T	T	P	O	L	Q	L	P	D	U	I	N	A
C	V	M	G	L	G	À	H	O	R	M	O	N	E	I	L
C	G	P	A	Q	M	B	Q	T	K	D	G	P	H	L	L
U	Â	L	O	I	L	Ế	T	B	B	P	G	G	R	P	O
M	P	Y	P	R	O	T	E	I	N	A	T	I	B	H	C

GIẢI PHẪU HỌC
VI KHUẨN
TẾ BÀO
COLLAGEN
PHÔI
ENZYME
TIẾN HÓA
QUANG HỢP
NGỦ ĐÔNG
HORMONE
ĐỘT BIẾN
TỰ NHIÊN
THẦN KINH
THẨM THẤU
CÂY
PROTEIN
HÔ HẤP
BÒ SÁT
CỘNG SINH

48 - Beleza

C	H	H	Q	G	L	D	L	I	R	G	R	Q	Â	N	C
D	R	M	C	R	K	M	T	C	O	G	T	U	À	M	M
H	H	A	D	B	T	Ơ	T	R	B	N	O	Y	K	U	I
H	L	T	I	Ụ	V	H	C	Ị	D	N	M	Ế	D	C	P
C	U	R	L	S	V	T	A	D	I	I	A	N	L	Ầ	N
B	K	C	N	D	P	G	R	N	V	G	L	R	Q	Y	U
G	N	Ọ	R	T	G	N	A	S	H	B	C	Ũ	P	L	O
T	L	P	A	A	M	Ơ	C	P	N	L	H	P	Y	Y	P
S	O	N	M	Ô	I	Ư	S	I	Ả	R	Ị	V	R	Q	O
I	É	Q	L	G	P	H	A	P	N	B	L	C	A	A	Q
L	K	M	Ẩ	H	P	Ỹ	M	T	Ă	U	I	O	H	I	G
Y	K	D	Ị	T	R	A	N	G	Đ	I	Ể	M	U	Q	A
T	A	P	K	N	I	C	P	N	H	N	A	O	V	Y	L
S	C	N	I	G	D	N	N	Ơ	H	K	Y	P	M	I	P
R	N	P	A	A	Q	G	T	Ư	A	B	I	V	P	V	L
H	P	U	V	D	D	I	Ộ	G	U	Ầ	D	G	A	C	Q

SON MÔI
CURLS
QUYẾN RŨ
MÀU
MỸ PHẨM
THANH LỊCH
SANG TRỌNG
GƯƠNG
STYLIST
ĂN ẢNH
HƯƠNG THƠM
ÂN
TRANG ĐIỂM
DẦU
DA
MASCARA
DỊCH VỤ
MỊN
KÉO
DẦU GỘI

49 - Água

M	N	M	K	Ê	N	H	L	S	R	R	G	L	H	I	Q
C	Ớ	Ư	N	I	Ơ	H	K	K	Ư	B	A	K	T	G	T
G	V	A	O	R	Y	A	R	G	G	Ơ	P	G	K	M	Ế
H	B	A	Y	R	C	L	E	A	Đ	Q	N	H	G	N	Y
D	Q	I	P	C	O	N	S	T	Ạ	U	U	G	N	Ố	U
K	D	Ồ	R	L	I	R	Y	I	I	N	K	N	G	Q	T
V	Ò	I	H	O	A	S	E	N	D	N	T	Ó	L	I	R
C	L	V	B	C	Ã	U	G	P	Ư	Ư	Đ	S	M	G	Á
G	R	Y	A	V	Q	B	M	M	Ơ	Ớ	Ộ	Q	D	H	R
A	I	G	Y	T	O	K	N	D	N	C	Ẩ	A	C	R	A
K	C	H	H	Ụ	T	U	N	Ơ	G	Đ	M	G	L	A	L
G	N	M	Ơ	L	G	R	I	H	C	Á	I	H	O	G	B
Y	B	A	I	Ũ	Q	O	V	O	K	B	S	Ô	N	G	U
T	H	Ủ	Y	L	Ợ	I	Q	I	B	T	Y	I	I	N	T
C	Q	R	T	L	T	Q	B	H	D	R	G	C	V	D	R
G	I	Ó	M	Ù	A	M	M	U	O	V	V	C	Q	B	G

KÊNH
MƯA
VÒI HOA SEN
BAY HƠI
CƠN BÃO
SƯƠNG GIÁ
NƯỚC ĐÁ
GEYSER
LŨ LỤT
THỦY LỢI
HỒ
GIÓ MÙA
TUYẾT
ĐẠI DƯƠNG
SÓNG
UỐNG
SÔNG
ĐỘ ẨM
HƠI NƯỚC

50 - Filantropia

H	M	K	M	C	N	G	Ư	Ờ	I	M	E	Ẻ	R	T	N
H	D	H	Ệ	H	Ế	H	T	M	D	Ụ	U	Y	U	N	H
G	Y	U	C	Ư	B	B	B	P	K	C	I	U	Q	T	Ó
U	N	O	I	Ơ	C	T	D	A	C	T	L	G	P	U	M
L	U	I	A	N	Y	Q	L	N	Ự	I	H	M	A	Ầ	Ỹ
Ị	K	G	L	G	K	D	H	U	H	Ê	A	B	U	C	Y
C	Y	N	I	T	V	I	C	Q	T	U	P	T	I	N	I
H	N	B	K	R	H	Ạ	Ạ	Ầ	G	O	H	Ừ	A	À	Y
S	D	D	G	Ì	M	O	L	N	N	R	G	T	C	O	C
Ử	H	Y	R	N	Q	L	N	H	U	K	T	H	Ô	T	G
H	Q	B	Y	H	V	N	Ê	I	R	C	M	I	N	M	H
D	B	V	T	T	H	Â	I	Ệ	T	G	V	Ệ	G	K	Q
O	D	O	I	G	K	H	L	M	B	Ặ	P	N	C	I	B
T	À	I	C	H	Í	N	H	V	U	Y	N	Q	Ộ	M	Y
C	Ộ	N	G	Đ	Ồ	N	G	Ụ	L	U	M	G	N	T	R
U	U	I	B	T	H	A	N	H	N	I	Ê	N	G	I	V

TỪ THIỆN
CỘNG ĐỒNG
LIÊN LẠC
TRẺ EM
TẶNG
TÀI CHÍNH
QUỸ
THẾ HỆ
TOÀN CẦU
NHÓM
LỊCH SỬ
TRUNG THỰC
NHÂN LOẠI
THANH NIÊN
NHIỆM VỤ
CẦN
MỤC TIÊU
NGƯỜI
CHƯƠNG TRÌNH
CÔNG CỘNG

51 - Ecologia

H	R	H	I	U	H	B	U	U	N	G	N	H	Y	B	Đ
L	B	N	N	V	C	Â	Y	L	P	P	G	Ạ	O	F	A
N	M	A	Ê	Ê	N	T	M	G	D	Q	K	N	U	L	D
K	N	M	Y	H	I	Y	T	D	D	P	H	H	C	O	Ạ
G	L	U	U	H	G	H	G	B	N	M	Í	Á	H	R	N
H	G	D	G	A	C	P	N	Ể	I	B	H	N	T	A	G
B	A	V	N	G	C	I	Ữ	N	M	C	Ậ	L	R	K	M
L	O	À	I	B	C	I	V	Y	Ê	A	U	T	Q	Q	P
K	D	D	À	T	Y	R	N	T	Y	I	R	D	Q	C	D
R	H	N	T	A	O	R	Ề	Y	N	V	H	S	Q	A	R
P	N	Ú	I	L	B	À	B	R	K	O	U	T	H	O	T
D	P	I	M	M	Q	G	N	Ồ	Đ	G	N	Ộ	C	P	N
T	Ự	N	H	I	Ê	N	T	C	T	H	Ự	C	V	Ậ	T
S	Ự	S	Ố	N	G	C	Ò	N	Ầ	M	L	M	R	V	T
Đ	Ộ	N	G	V	Ậ	T	C	U	I	U	O	H	Y	R	Q
H	T	Y	O	G	H	V	A	N	P	T	H	U	V	A	K

KHÍ HẬU
CỘNG ĐỒNG
ĐA DẠNG
LOÀI
ĐỘNG VẬT
FLORA
TOÀN CẦU
BIỂN
NÚI
TỰ NHIÊN
THIÊN NHIÊN
MARSH
CÂY
TÀI NGUYÊN
HẠN HÁN
SỰ SỐNG CÒN
BỀN VỮNG
THỰC VẬT

52 - Família

K	M	P	G	L	V	U	P	C	C	G	N	A	K	Y	Q
R	H	V	M	B	Ợ	K	C	O	V	B	P	U	V	A	Q
R	B	N	A	A	T	I	H	L	L	A	H	I	Y	N	N
K	N	O	G	V	R	M	L	A	G	C	C	U	A	Q	G
K	M	P	K	U	V	B	T	A	Y	Q	B	Y	B	P	I
Ô	A	T	C	Á	R	K	M	R	U	V	À	M	Q	C	M
N	U	Ấ	Ơ	H	T	I	Ờ	H	T	U	H	V	P	O	N
G	K	A	L	C	Ồ	V	I	E	Ẹ	U	T	O	B	N	U
A	H	Ú	G	C	L	N	Á	K	M	L	D	M	R	N	P
A	N	H	T	R	A	I	G	H	K	G	I	V	L	P	Q
Y	N	C	H	B	K	Q	U	D	I	T	Á	H	C	Y	B
M	O	B	Q	K	M	M	Á	M	B	K	G	I	D	B	A
E	L	G	B	C	K	A	H	C	C	O	N	Y	L	Ì	T
Ẻ	N	K	K	T	U	C	C	K	N	M	O	L	I	I	L
R	T	N	O	H	G	M	U	G	R	I	C	G	H	C	C
T	Ổ	T	I	Ê	N	K	Q	A	Y	R	G	E	M	H	Ọ

TỔ TIÊN
BÀ
ÔNG
CON
TRẺ EM
VỢ
CON GÁI
THỜI THƠ ẤU
EM GÁI
ANH TRAI
CHỒNG
MẸ
CHA
EM HỌ
CHÁU GÁI
CHÁU
DÌ
CHÚ

53 - Férias #2

L	X	B	K	N	Ể	Y	U	H	C	N	Ậ	V	C	L	V
Y	E	Y	I	Ể	G	B	Ã	I	B	I	Ể	N	Ắ	Y	P
B	T	P	T	I	L	À	M	P	C	T	H	Q	M	O	P
N	Ắ	T	U	B	B	N	Y	A	B	N	Â	S	T	Y	V
D	C	Ự	H	T	Ị	H	T	L	K	C	U	H	R	M	M
V	X	C	N	Y	C	M	N	K	Ễ	K	L	B	Ạ	O	Í
I	I	C	K	I	A	V	M	Ả	M	H	D	K	I	R	R
C	Ố	U	Q	I	Ạ	O	G	N	O	Á	Y	B	H	A	T
T	M	R	M	T	M	Q	Ả	H	G	C	Q	Y	N	T	I
Đ	I	Ể	M	Đ	Ế	N	B	Đ	B	H	B	L	I	Ú	Ả
A	L	B	V	T	C	L	L	G	L	S	U	P	G	N	I
C	N	C	K	H	T	G	R	Y	O	Ạ	C	G	I	Y	G
K	V	V	O	A	Y	C	G	H	R	N	B	A	B	B	O
I	A	T	Q	A	V	Q	H	À	N	H	T	R	Ì	N	H
R	G	L	K	G	R	D	V	M	P	P	B	N	V	O	I
B	Ả	N	Đ	Ồ	L	Ề	U	Ế	I	H	C	Ộ	H	H	M

CẮM TRẠI
SÂN BAY
ĐIỂM ĐẾN
NGOẠI QUỐC
NGÀY LỄ
ẢNH
KHÁCH SẠN
ĐẢO
GIẢI TRÍ
BẢN ĐỒ
BIỂN
NÚI
HỘ CHIẾU
BÃI BIỂN
XE TẮC XI
LỀU
VẬN CHUYỂN
HÀNH TRÌNH
THỊ THỰC

54 - Edifícios

N	I	I	P	G	D	I	V	H	Q	S	D	O	U	Y	U
K	Ô	L	Ề	U	H	R	N	Ự	R	I	À	Đ	U	Â	L
C	G	N	À	T	O	Ả	B	H	A	Ê	C	Đ	L	C	N
C	Ọ	H	G	N	Ờ	Ư	R	T	R	U	Ă	À	A	V	O
K	A	C	N	T	L	P	R	D	A	T	N	I	R	Q	C
R	R	Q	A	Y	R	K	B	D	G	H	H	Q	Q	O	G
N	H	À	T	H	Ờ	Ạ	H	G	P	Ị	Ộ	U	G	G	U
L	T	G	H	L	L	Y	I	G	L	U	I	A	B	K	A
O	S	Â	N	V	Ậ	N	Đ	Ộ	N	G	H	N	T	A	Q
C	A	B	I	N	Ạ	S	H	C	Á	H	K	S	M	G	B
Đ	Ạ	I	S	Ứ	Q	U	Á	N	A	I	O	Á	V	H	G
Đ	Ạ	I	H	Ọ	C	D	H	M	R	L	P	T	O	C	B
G	D	D	H	V	C	T	Á	H	P	Ạ	R	Y	C	O	K
C	N	Q	N	Ệ	I	V	H	N	Ệ	B	T	O	G	P	M
Y	M	A	Y	H	L	L	Y	Á	M	À	H	N	I	L	G
H	H	L	B	A	C	P	H	G	P	M	V	I	P	N	Q

CĂN HỘ
CABIN
LÂU ĐÀI
NHÀ THỜ
VỰA
ĐẠI SỨ QUÁN
TRƯỜNG HỌC
SÂN VẬN ĐỘNG
NÔNG TRẠI
NHÀ MÁY
GA-RA
BỆNH VIỆN
KHÁCH SẠN
BẢO TÀNG
ĐÀI QUAN SÁT
SIÊU THỊ
RẠP HÁT
LỀU
THÁP
ĐẠI HỌC

55 - Boxe

P	T	A	G	Q	Ủ	H	T	I	Ố	Đ	U	K	V	D	Y
T	R	Ọ	N	G	T	À	I	V	Ồ	K	U	I	P	H	R
B	U	N	Ơ	N	R	R	L	V	Ể	H	T	Ơ	C	H	R
A	Y	M	Ư	Ă	N	I	I	N	C	U	C	Q	B	A	O
V	Q	Q	H	N	M	K	C	K	T	Ỷ	U	Ụ	N	D	H
P	P	V	T	Ỹ	C	T	C	Ĩ	S	U	Ấ	Đ	H	L	G
T	R	T	N	K	L	T	I	C	I	T	I	C	N	P	I
G	T	G	Ấ	C	T	V	Đ	G	O	A	P	R	Ạ	T	P
Ó	P	L	H	T	M	C	T	Á	U	Y	A	T	M	Ắ	N
C	P	P	C	T	L	H	I	U	Q	A	G	A	C	C	G
Ứ	H	Q	O	L	C	B	Ê	L	A	T	C	V	Ứ	D	Q
S	O	O	R	C	T	G	U	U	I	G	H	C	S	U	A
T	N	B	V	U	T	D	Đ	O	L	N	U	M	Ằ	P	D
Ệ	Y	A	P	R	H	N	I	U	Q	Ă	Ô	K	U	M	B
I	A	P	D	O	G	D	Ể	R	B	G	N	B	R	D	I
K	P	G	K	T	T	Y	M	Ể	I	Đ	G	U	T	G	P

TRỌNG TÀI
GÓC
ĐÁ
CƠ THỂ
KHUỶU TAY
KIỆT SỨC
TIÊU ĐIỂM
SỨC MẠNH
KỸ NĂNG
CHẤN THƯƠNG
ĐẤU SĨ
GĂNG TAY
ĐỐI THỦ
ĐIỂM
NẮM TAY
CẰM
PHỤC HỒI
CHUÔNG

56 - Floresta Tropical

V	H	K	O	A	N	D	B	A	A	B	R	I	Y	G	P
P	G	K	A	Q	U	Q	Y	P	H	R	M	P	P	R	B
I	N	G	Y	R	M	T	D	O	V	D	D	I	V	Ê	Ả
O	G	N	I	R	H	S	Ự	B	Ả	O	T	Ồ	N	U	N
T	H	I	Ê	N	N	H	I	Ê	N	L	K	H	Ò	V	Đ
Q	P	G	À	H	O	V	G	A	D	R	P	C	C	Q	!
M	U	T	U	O	K	Y	D	O	T	P	H	Ụ	G	G	A
Y	Y	B	L	V	L	Q	M	N	M	P	N	H	N	R	L
M	C	K	U	C	Ộ	N	G	Đ	Ồ	N	G	P	Ố	C	A
M	P	V	B	L	H	P	Y	O	Y	I	I	T	S	A	H
O	T	Y	U	N	G	N	Ọ	R	T	N	Ô	T	Ự	S	Q
D	O	B	V	K	G	N	Ạ	D	A	Đ	M	C	S	D	U
P	N	L	G	U	A	H	Ừ	L	U	Ậ	H	Í	H	K	Ý
M	M	G	H	L	G	N	Ù	R	T	N	Ô	C	B	I	O
G	Đ	Á	M	M	Â	Y	T	H	Ự	C	V	Ậ	T	G	M
Y	R	E	F	U	G	E	R	O	U	L	G	T	V	Q	O

THỰC VẬT
KHÍ HẬU
CỘNG ĐỒNG
ĐA DẠNG
LOÀI
BẢN ĐỊA
CÔN TRÙNG
RÊU
THIÊN NHIÊN

ĐÁM MÂY
CHIM
SỰ BẢO TỒN
REFUGE
SỰ TÔN TRỌNG
PHỤC HỒI
RỪNG
SỰ SỐNG CÒN
QUÝ

57 - Música

Đ	I	I	M	Â	I	H	G	N	I	C	A	T	P	Y	U
K	I	U	Ệ	I	Đ	I	A	I	G	O	C	L	P	M	C
Y	C	Ệ	I	Ụ	C	G	N	Ụ	D	T	Q	H	C	V	K
R	P	H	P	I	G	R	R	O	V	A	Ĩ	I	O	R	V
Q	N	M	Ị	K	L	L	O	V	B	Ĩ	S	C	Ạ	H	N
K	D	B	H	D	H	A	N	P	Ợ	H	A	Ò	H	G	Ế
D	D	D	N	I	R	Ú	Y	A	H	A	C	I	G	P	I
A	L	B	U	M	K	O	C	C	O	O	H	L	A	I	B
L	Â	M	N	H	Ạ	C	P	C	Ộ	Đ	N	Ế	I	T	G
L	T	R	Ữ	T	Ì	N	H	E	P	C	Ể	E	M	Á	N
A	G	A	M	R	L	P	H	V	R	N	I	C	V	H	Ứ
B	O	N	M	A	M	O	T	U	A	A	Đ	U	Y	G	K
H	Á	T	T	T	M	K	B	A	Y	C	Ổ	I	Y	N	P
P	K	Q	O	H	H	G	Q	D	A	O	C	U	P	Ọ	G
Y	B	P	I	Ơ	M	T	M	K	A	C	M	N	H	I	N
N	N	B	P	A	L	N	C	A	P	C	H	P	U	G	H

ALBUM
BALLAD
HÁT
CA SĨ
CỔ ĐIỂN
ĐIỆP KHÚC
GHI ÂM
HÒA HỢP
ỨNG BIẾN
DỤNG CỤ
TRỮ TÌNH
GIAI ĐIỆU
MICROPHONE
ÂM NHẠC
NHẠC SĨ
OPERA
THƠ
NHỊP
TIẾN ĐỘ
GIỌNG HÁT

58 - Matemática

S	Đ	T	M	T	B	V	P	B	H	M	B	U	U	B	Q
O	Ố	O	M	U	Á	T	U	M	M	L	L	U	V	V	L
N	I	D	I	A	N	Ậ	G	Ô	G	R	I	M	Q	A	K
G	X	I	B	H	K	H	M	C	N	V	U	K	B	Q	Q
S	Ứ	U	V	O	Í	N	A	N	T	G	O	V	P	C	U
O	N	U	B	U	N	Ữ	G	Ó	C	A	G	K	B	R	Ả
N	G	N	Ổ	T	H	H	S	R	P	M	Ũ	Ó	S	Ố	N
G	D	O	M	T	G	C	B	Ố	T	U	L	K	C	Đ	G
Q	H	O	O	O	Y	H	V	T	H	L	L	V	Á	A	T
T	H	N	Í	K	G	N	Ờ	Ư	Đ	Ọ	N	D	I	G	R
P	H	Â	N	S	Ố	Ì	U	H	R	O	C	L	G	I	Ư
N	M	Y	P	B	A	H	R	R	P	C	R	B	M	Á	Ờ
T	H	Ậ	P	P	H	Â	N	V	K	V	L	A	A	C	N
P	H	Ư	Ơ	N	G	T	R	Ì	N	H	G	K	T	V	G
Y	Y	V	Â	M	L	Ư	Ợ	N	G	D	D	C	L	P	U
U	N	C	H	P	H	Ì	N	H	H	Ọ	C	I	T	O	N

SỐ HỌC
GÓC
THẬP PHÂN
ĐƯỜNG KÍNH
PHƯƠNG TRÌNH
MŨ
PHÂN SỐ
HÌNH HỌC
SỐ
SONG SONG
CHU VI
VUÔNG GÓC
ĐA GIÁC
QUẢNG TRƯỜNG
BÁN KÍNH
HÌNH CHỮ NHẬT
ĐỐI XỨNG
TỔNG
TAM GIÁC
ÂM LƯỢNG

59 - Saúde e Bem Estar #1

T	V	D	V	H	R	I	C	R	B	Á	C	S	Ĩ	P	Ố
I	I	A	V	L	V	A	H	N	E	U	Q	I	Ó	H	T
Ệ	K	Ó	L	L	B	B	I	Ã	R	N	A	T	U	Ả	H
M	H	T	Đ	D	L	L	Ề	I	O	P	Q	R	P	N	C
T	U	B	H	K	B	V	U	G	K	Ắ	C	L	B	X	Í
H	Ẩ	V	I	R	Ú	T	C	Ư	N	B	M	N	R	Ạ	H
U	N	V	H	H	M	Y	A	H	H	Ơ	L	M	G	I	T
Ố	I	U	P	K	U	V	O	T	P	C	Ư	Y	Q	I	H
C	Ố	U	H	T	O	U	Y	V	T	O	O	X	N	R	C
O	Ị	B	Ế	A	V	B	Y	O	B	C	D	O	Y	M	Í
O	V	R	H	G	U	Y	A	O	Y	L	D	D	R	Ã	K
D	M	O	T	T	R	G	A	Y	I	Y	N	D	V	Y	G
N	V	K	Ư	U	D	Â	Y	T	H	Ầ	N	K	I	N	H
Y	U	N	T	Y	Ề	O	Q	Y	L	O	N	G	Q	C	D
C	Q	I	P	U	Ễ	I	L	Ị	R	T	M	P	Q	M	H
X	Ư	Ơ	N	G	N	Ộ	Đ	T	Ạ	O	H	Y	T	P	T

CHIỀU CAO
HOẠT ĐỘNG
VI KHUẨN
BÁC SĨ
TIỆM THUỐC
ĐÓI
GÃY XƯƠNG
THÓI QUEN
KÍCH THÍCH TỐ
THUỐC
CƠ BẮP
DÂY THẦN KINH
XƯƠNG
DA
TƯ THẾ
PHẢN XẠ
THƯ GIÃN
TRỊ LIỆU
ĐIỀU TRỊ
VI RÚT

60 - Imigração

U	V	C	P	G	Y	C	N	H	Đ	À	M	P	H	Á	N
I	I	A	B	V	Y	P	H	D	Ạ	U	B	P	C	O	Ớ
A	T	T	H	T	P	R	À	Ữ	G	N	N	Ô	G	N	L
A	R	G	Ì	D	R	R	B	I	L	M	C	M	A	M	I
P	Ú	I	G	N	Ẳ	H	T	G	N	Ă	C	H	O	I	Ờ
A	N	K	T	V	H	N	Ì	R	T	Á	U	Q	Ó	L	Ư
N	L	O	N	Ậ	U	H	T	P	Ấ	H	C	Ự	S	T	G
P	B	I	V	L	R	U	Ì	T	R	Ẻ	E	M	S	T	N
S	Ự	B	Ả	O	V	Ệ	Q	N	P	O	P	N	Ự	B	I
C	Y	K	N	I	N	P	U	N	H	V	H	Q	Q	U	Q
T	À	I	L	I	Ệ	U	C	D	L	D	N	P	U	L	Q
T	D	G	A	N	A	I	H	P	Á	H	P	I	Ả	I	G
L	I	Ê	N	L	Ạ	C	V	V	K	H	A	B	N	N	Q
G	P	Q	T	G	Q	L	I	Q	N	B	O	I	L	T	H
A	D	M	A	B	Q	V	H	O	O	N	Q	R	Ý	K	U
T	V	V	L	U	Ậ	T	K	I	N	H	P	H	Í	L	U

SỰ QUẢN LÝ
NGƯỜI LỚN
GIÚP
SỰ CHẤP THUẬN
LIÊN LẠC
TRẺ EM
TÀI LIỆU
CĂNG THẲNG
KINH PHÍ
NHÀ
LUẬT
NGÔN NGỮ
ĐÀM PHÁN
HẠN CHÓT
QUÁ TRÌNH
SỰ BẢO VỆ
TÌNH HÌNH
GIẢI PHÁP

61 - Natureza

C	C	H	U	R	M	H	S	Ư	Ơ	N	G	M	Ù	D	O
H	M	N	D	C	B	Ắ	C	C	Ự	C	N	U	H	H	Y
H	Q	U	A	N	T	R	Ọ	N	G	Y	Ừ	D	D	A	G
R	Ò	T	I	L	L	N	T	M	U	N	R	N	P	T	K
A	B	A	O	K	R	N	Q	G	U	A	V	K	A	D	I
P	Y	B	B	I	I	Ớ	Đ	T	Ệ	I	H	N	H	L	R
Y	L	M	U	Ì	Ú	Y	B	D	H	V	I	R	U	N	G
P	C	M	Đ	V	N	Ò	M	I	Ó	X	G	N	O	V	C
N	U	Y	L	Ộ	H	H	S	E	R	E	N	E	N	Ẻ	M
R	P	Â	B	C	N	I	R	O	P	I	Ă	D	R	Đ	T
T	A	M	C	Ã	D	G	N	A	O	H	B	G	K	Ẹ	U
G	H	M	N	O	C	U	V	N	H	V	G	R	P	P	D
I	A	Á	L	C	V	N	N	Ậ	K	A	N	O	D	T	H
M	L	Đ	N	S	A	M	Ạ	C	T	D	Ô	K	K	N	K
S	Ô	N	G	H	M	H	B	H	I	P	S	O	O	A	B
L	L	O	U	C	R	N	Ă	N	G	Đ	Ộ	N	G	V	K

ONG
ĐỘNG VẬT
BẮC CỰC
VẺ ĐẸP
SA MẠC
NĂNG ĐỘNG
XÓI MÒN
RỪNG
LÁ
SÔNG BĂNG
NÚI
SƯƠNG MÙ
ĐÁM MÂY
HÒA BÌNH
SÔNG
THÁNH
HOANG DÃ
SERENE
NHIỆT ĐỚI
QUAN TRỌNG

62 - A Empresa

V	L	H	N	Ị	Đ	T	Ế	Y	U	Q	S	Y	R	R	O
C	N	H	M	Y	D	Ầ	C	M	T	L	Á	M	U	M	G
I	M	R	V	H	A	L	U	U	Ầ	C	N	À	O	T	T
B	D	L	Q	I	N	Q	K	T	B	H	G	V	T	Q	R
G	N	Ă	N	Ả	H	K	I	O	Ư	U	T	G	H	L	Ì
I	M	H	Y	M	T	U	N	Q	A	Y	Ạ	M	L	L	N
M	À	L	C	Ệ	I	V	H	Y	O	Ê	O	P	T	C	H
B	N	O	P	D	Ế	L	D	Ộ	B	N	Ế	I	T	Ô	B
C	U	H	T	H	N	A	O	D	V	N	G	U	R	N	À
X	N	B	G	N	G	V	A	O	T	G	U	L	Đ	G	Y
D	U	T	M	K	G	K	N	B	R	H	Y	R	Ơ	N	H
C	U	H	P	P	I	R	H	D	Q	I	M	G	N	G	H
G	N	Ợ	Ư	L	T	Ấ	H	C	T	Ệ	Ủ	B	V	H	A
M	Q	R	G	Ớ	V	N	H	U	M	P	I	R	Ị	I	O
H	R	B	A	R	N	Ê	Y	U	G	N	I	À	T	Ệ	H
D	Y	V	Y	H	K	G	S	Ả	N	P	H	Ẩ	M	P	C

TRÌNH BÀY
SÁNG TẠO
QUYẾT ĐỊNH
VIỆC LÀM
TOÀN CẦU
CÔNG NGHIỆP
ĐẦU TƯ
KINH DOANH
KHẢ NĂNG
SẢN PHẨM
CHUYÊN NGHIỆP
TIẾN BỘ
CHẤT LƯỢNG
DOANH THU
TÀI NGUYÊN
DANH TIẾNG
RỦI RO
XU HƯỚNG
ĐƠN VỊ

63 - Doença

I	O	I	O	M	U	T	M	D	U	P	U	M	I	T	Y
C	K	B	U	Y	D	T	G	P	R	Ể	A	Ễ	H	H	B
O	E	D	M	L	Y	B	N	Ẩ	U	H	K	I	V	Ắ	G
A	Ỏ	V	L	B	I	L	Ơ	O	Ệ	T	R	H	C	T	C
G	H	G	H	M	Q	V	Ư	Y	I	Ơ	C	N	H	L	C
M	K	A	H	Ê	Ầ	Q	X	H	L	C	H	Y	Ộ	Ư	G
P	C	I	R	I	C	M	D	D	Ị	B	P	Â	I	N	A
H	Ứ	H	L	V	D	M	B	L	R	A	C	L	C	G	Y
Ổ	S	C	Ữ	P	R	A	U	Ệ	T	N	V	Q	H	N	B
I	K	Ị	P	A	O	M	V	G	N	Ứ	Ị	D	Ứ	Ụ	P
N	A	D	U	V	B	K	H	G	D	H	V	K	N	B	H
V	M	N	R	R	N	Ệ	G	C	K	H	I	Q	G	V	Ô
T	K	Ễ	P	L	I	L	N	Ề	Y	U	R	T	I	D	H
A	Y	I	B	M	C	Q	I	H	Q	D	Ế	H	C	C	Ấ
L	O	M	M	Ã	N	T	Í	N	H	A	M	Y	Q	P	P
N	V	K	G	U	V	M	T	Y	U	L	O	D	A	U	V

BỤNG
DỊ ỨNG
VI KHUẨN
LÂY NHIỄM
TIM
CƠ THỂ
MÃN TÍNH
CHỮA BỆNH
YẾU
DI TRUYỀN
MIỄN DỊCH
VIÊM
THẮT LƯNG
XƯƠNG
MẦM BỆNH
PHỔI
HÔ HẤP
SỨC KHỎE
HỘI CHỨNG
TRỊ LIỆU

64 - Aquecimento Global

C	Ự	C	C	Ắ	B	Y	C	D	D	C	Y	B	R	H	C
Á	I	V	P	N	C	Y	K	P	Y	P	P	Â	Ộ	T	Ô
C	P	D	Q	Ă	Ế	O	Q	Ý	Ú	H	C	Y	Đ	K	N
T	H	G	R	N	T	I	I	H	Q	Á	G	G	T	Q	G
H	Á	B	G	G	C	Y	H	M	U	P	R	I	Ệ	G	N
Ế	T	T	L	L	Ố	Ọ	Ủ	O	U	L	G	Ờ	I	K	G
H	T	I	K	Ư	U	K	H	I	D	U	H	L	H	Q	H
Ệ	R	B	V	Ợ	Q	N	P	A	Q	Ậ	D	Â	N	A	I
K	I	R	A	N	I	R	H	L	O	T	O	G	L	N	Ệ
H	Ể	Q	K	G	U	R	N	G	K	H	Í	H	Ậ	U	P
K	N	P	V	C	Q	R	Í	N	C	D	K	D	Y	Y	Y
H	Ậ	U	Q	U	Ả	C	H	Ơ	Q	U	Ữ	À	Q	Q	L
D	O	U	H	H	R	L	C	Ư	C	H	M	L	H	V	M
I	K	H	G	N	Ờ	Ư	R	T	I	Ô	M	N	I	N	L
K	H	Í	T	K	H	Ủ	N	G	H	O	Ả	N	G	Ệ	O
T	M	G	U	K	D	I	P	U	T	O	L	L	N	R	U

BÂY GIỜ
MÔI TRƯỜNG
CHÚ Ý
BẮC CỰC
NHÀ KHOA HỌC
KHÍ HẬU
HẬU QUẢ
KHỦNG HOẢNG
DỮ LIỆU
PHÁT TRIỂN
NĂNG LƯỢNG
TƯƠNG LAI
KHÍ
CÁC THẾ HỆ
CHÍNH PHỦ
CÔNG NGHIỆP
QUỐC TẾ
PHÁP LUẬT
DÂN
NHIỆT ĐỘ

65 - Aviões

P	C	I	C	O	N	Y	C	G	G	A	Y	X	K	O	D
H	B	H	I	D	V	H	R	G	Q	R	Q	Â	H	N	P
I	O	K	I	Đ	Ổ	B	Ộ	Đ	B	O	I	Y	Ô	Q	T
H	A	Y	G	Ề	Y	H	Q	Ộ	Q	Ử	D	D	N	U	H
À	T	K	C	D	U	D	N	C	P	S	L	Ự	G	L	Ờ
N	H	P	O	O	O	C	V	A	G	H	I	N	K	U	I
H	K	O	G	T	R	U	A	O	T	C	I	G	H	Ệ	T
Đ	H	Ạ	X	U	Ố	N	G	O	A	Ị	P	C	Í	I	I
O	H	À	N	H	K	H	Á	C	H	L	O	T	Ô	L	Ế
À	B	N	H	I	Ễ	U	L	O	Ạ	N	U	A	I	N	T
N	Ầ	D	L	G	Đ	A	T	I	H	Y	D	R	O	Ê	G
T	U	N	R	L	I	Ộ	A	L	G	R	P	B	M	I	N
Q	T	T	Ạ	U	Q	H	N	Á	C	I	U	P	B	H	Ó
L	R	T	U	R	I	Y	L	G	N	Ớ	Ư	H	O	N	B
T	Ờ	A	V	O	R	A	C	I	C	A	C	C	B	U	L
U	I	P	Y	I	Q	R	A	U	M	Ơ	P	P	Y	U	L

ĐỘ CAO
CHIỀU CAO
KHÔNG KHÍ
ĐỔ BỘ
BÓNG
BẦU TRỜI
NHIÊN LIỆU
XÂY DỰNG
HẠ XUỐNG
HƯỚNG
CÁNH QUẠT
HYDRO
LỊCH SỬ
ĐỘNG CƠ
HÀNH KHÁCH
PHI CÔNG
THỜI TIẾT
PHI HÀNH ĐOÀN
NHIỄU LOẠN

66 - Tipos de Cabelo

Đ	I	Y	T	Y	R	M	Á	X	U	À	M	A	N	T	H
E	R	U	H	S	N	Ề	K	O	T	Â	G	M	N	U	Y
N	G	A	K	D	R	M	M	Ă	U	C	N	U	U	K	D
C	O	H	Ó	I	K	C	G	N	T	O	Ó	U	V	C	D
G	K	B	B	A	N	U	G	Ệ	H	Y	B	Y	À	D	H
N	M	H	R	R	M	A	O	B	Y	N	G	Ắ	N	M	U
À	D	M	O	B	C	V	V	G	T	I	N	K	Y	G	Q
V	G	V	C	T	D	O	A	N	D	A	Á	M	C	V	U
C	N	D	P	D	B	T	N	C	À	U	S	C	G	G	I
Ó	U	P	O	I	M	R	H	T	I	B	B	T	L	H	O
T	M	R	I	T	Ỏ	Ắ	N	H	N	Ạ	M	E	Ở	H	K
H	À	Q	L	T	N	N	M	Q	H	C	A	B	O	I	K
G	U	B	A	S	G	G	B	Q	I	K	Q	R	H	L	P
H	R	N	B	L	N	Y	K	T	M	D	H	U	L	N	N
N	M	N	R	D	A	L	Y	D	R	Y	R	Ô	B	V	O
H	O	K	N	Q	B	N	C	R	V	D	V	M	N	K	T

TRẮNG
SÁNG BÓNG
CURLS
HÓI
MÀU XÁM
MÀU
NGẮN
XOĂN
MỎNG
DÀY
TÓC VÀNG
DÀI
MÀU NÂU
BẠC
ĐEN
KHỎE MẠNH
KHÔ
MỀM
BỆN
BRAIDS

67 - Criatividade

H	C	S	C	G	N	K	T	D	M	U	M	D	T	I	B
V	Ả	Ứ	Y	K	G	M	Á	Ầ	A	I	Q	K	T	I	I
C	M	C	K	Ỹ	H	T	H	M	M	D	G	Q	R	M	Ể
C	X	S	Y	N	Ệ	K	P	U	V	N	K	H	B	M	U
D	Ú	Ố	C	Ă	T	Q	Ự	M	G	T	H	C	Ị	K	H
S	C	N	G	N	H	Q	T	D	Y	N	N	Ì	A	U	I
C	Á	G	K	G	U	A	D	K	T	P	Ả	B	N	K	Ễ
R	N	N	H	K	Ậ	T	R	Ự	C	G	I	Á	C	G	N
Q	H	M	G	A	T	D	B	L	D	P	K	Q	C	H	T
C	D	I	H	T	T	Í	N	H	X	Á	C	T	H	Ự	C
Á	Ư	N	K	B	Ạ	L	Ỏ	N	G	N	Ứ	H	M	Ả	C
I	V	Ờ	H	B	A	O	Ấ	N	T	Ư	Ợ	N	G	Q	Y
G	P	V	N	G	Y	D	M	B	Y	G	Y	I	O	I	O
M	Y	U	V	G	N	À	R	Õ	R	C	A	G	T	B	Y
Ả	H	R	Q	K	Đ	A	V	Q	M	U	P	P	P	H	U
C	Y	B	L	U	T	Ộ	P	P	H	Y	D	R	D	O	R

NGHỆ THUẬT
TÍNH XÁC THỰC
RÕ RÀNG
KỊCH
CẢM XÚC
TỰ PHÁT
BIỂU HIỆN
LỎNG
KỸ NĂNG
ẢNH
ẤN TƯỢNG
CẢM HỨNG
CƯỜNG ĐỘ
TRỰC GIÁC
SÁNG TẠO
CẢM GIÁC
TẦM NHÌN
SỨC SỐNG

68 - Dias e Meses

U	I	O	T	H	Ứ	B	Ả	Y	D	D	G	A	K	T	T
O	A	B	Ứ	H	T	D	Q	N	M	M	C	G	L	H	H
T	H	Ứ	S	Á	U	Á	S	G	N	Á	H	T	K	Á	Ứ
H	G	N	R	Y	A	T	L	H	Ầ	Q	C	K	M	N	H
P	N	C	Ă	N	A	H	P	O	U	O	Ị	C	Y	G	A
K	Á	Q	H	M	N	Á	D	T	T	T	L	D	T	M	I
R	H	U	T	L	N	N	I	Y	Ậ	H	L	M	H	Ộ	C
B	T	Y	O	Ư	T	G	N	Á	H	T	D	G	Ứ	T	P
T	H	Á	N	G	9	1	Q	N	N	P	M	Y	T	T	T
T	G	H	R	D	L	2	K	P	Ủ	V	Ă	D	Ư	L	P
H	V	R	R	B	L	A	G	T	H	Á	N	G	B	Ả	Y
Á	D	N	D	A	V	H	R	G	C	D	Ứ	M	D	Q	G
N	T	H	Á	N	G	M	Ư	Ờ	I	N	H	A	C	I	P
G	V	A	L	C	K	A	B	K	H	G	T	H	I	M	P
T	M	M	V	N	Y	R	I	I	M	À	M	I	D	U	P
A	I	O	M	Q	K	T	A	N	Q	Y	G	R	H	C	U

THÁNG TƯ
NGÀY
NĂM
LỊCH
THÁNG 12
CHỦ NHẬT
THÁNG HAI
THÁNG MỘT
THÁNG BẢY
THÁNG SÁU
THÁNG
THÁNG MƯỜI
THỨ TƯ
THỨ NĂM
THỨ BẢY
THỨ HAI
TUẦN
THÁNG 9
THỨ SÁU
THỨ BA

69 - Saúde e Bem Estar #2

D	I	C	C	G	N	Ứ	Ị	D	I	I	Y	N	T	O	C
H	D	N	G	N	I	V	N	V	Ệ	S	I	N	H	O	M
H	Y	G	Q	Y	T	Ả	Ễ	Q	K	P	M	Q	N	P	K
T	N	Ề	Y	U	R	T	I	D	A	P	A	Q	Ễ	Ó	N
B	B	C	L	Á	D	Q	V	P	Ó	K	V	P	B	B	H
K	H	Ỏ	E	M	Ạ	N	H	P	H	H	H	Y	I	A	I
Ă	N	K	I	Ê	N	G	N	H	U	Ẫ	C	A	L	O	Ễ
C	Ơ	T	H	Ể	U	Q	Ệ	Ụ	Ê	M	U	N	N	X	M
V	I	T	A	M	I	N	B	C	I	O	K	H	K	K	T
T	Â	M	T	R	Ạ	N	G	H	T	M	N	I	Ọ	Y	R
H	P	T	V	T	T	Y	N	Ồ	G	U	K	C	I	C	Ù
V	H	R	L	T	Y	T	Ặ	I	O	O	C	M	V	M	N
N	Ă	N	G	L	Ư	Ợ	N	G	N	G	O	N	Q	A	G
M	I	N	R	T	N	A	N	Y	L	I	G	P	P	Q	G
Q	K	O	B	U	H	O	Â	A	R	I	O	R	P	D	K
K	C	N	M	V	D	M	C	O	N	G	D	T	D	G	P

DỊ ỨNG
GIẢI PHẪU HỌC
NGON
CALO
CƠ THỂ
ĂN KIÊNG
TIÊU HÓA
BỆNH
NĂNG LƯỢNG
DI TRUYỀN

VỆ SINH
BỆNH VIỆN
TÂM TRẠNG
NHIỄM TRÙNG
XOA BÓP
CÂN NẶNG
PHỤC HỒI
MÁU
KHỎE MẠNH
VITAMIN

70 - Geografia

C	P	H	M	R	P	L	D	V	G	P	Q	B	K	N	K
P	H	C	Ư	K	L	G	Q	Ĩ	B	Q	O	I	I	O	D
P	Í	O	T	Ớ	N	A	Ị	Đ	C	Ụ	L	Ể	N	U	D
T	A	R	U	A	N	C	Y	Ộ	K	N	K	N	H	U	Q
D	N	B	L	Y	O	G	N	Ô	S	K	I	N	T	N	Y
L	A	B	Ả	N	Ú	I	T	M	C	C	B	R	U	K	I
K	M	C	B	N	I	G	I	Â	D	U	V	B	Y	L	V
M	H	H	K	B	Đ	R	B	T	Y	N	R	Ắ	Ế	T	B
R	V	U	Y	H	V	Ồ	T	H	R	U	Ầ	C	N	Á	B
O	C	U	V	V	U	Q	D	Ế	N	P	K	U	G	T	U
P	D	V	A	Ự	P	N	Q	G	Q	U	O	M	G	A	O
B	D	I	V	C	C	R	A	I	G	C	Ố	U	Q	K	M
T	H	À	N	H	P	H	Ố	Ớ	O	A	T	L	A	S	H
Đ	Ộ	C	A	O	A	H	D	I	K	K	Đ	N	L	T	Q
Đ	Ạ	I	D	Ư	Ơ	N	G	N	U	P	Ả	M	N	B	Q
I	O	B	L	Ã	N	H	T	H	Ổ	K	O	C	C	N	L

ĐỘ CAO
ATLAS
THÀNH PHỐ
LỤC ĐỊA
BÁN CẦU
ĐẢO
VĨ ĐỘ
BẢN ĐỒ
BIỂN
KINH TUYẾN
NÚI
THẾ GIỚI
BẮC
ĐẠI DƯƠNG
HƯỚNG TÂY
QUỐC GIA
KHU VỰC
SÔNG
PHÍA NAM
LÃNH THỔ

71 - Antártica

N	C	L	Q	D	U	C	Ư	L	L	T	G	O	C	G	U
H	L	I	V	V	L	Ụ	C	Đ	Ị	A	N	C	U	T	T
I	M	D	N	M	U	D	I	C	T	H	Ă	M	D	Ò	M
Ệ	K	Ô	H	P	G	Y	D	U	L	V	B	D	K	D	Ô
T	B	C	N	Ồ	T	O	Ả	B	U	C	G	H	V	T	I
Đ	C	D	T	Đ	H	Y	Q	P	T	L	N	U	M	U	T
Ộ	I	L	Ụ	N	Ị	A	H	T	L	C	Ô	P	R	L	R
Y	H	B	C	O	A	A	V	Ị	N	H	S	U	C	V	Ư
A	D	V	H	G	G	Q	L	B	G	V	H	Q	O	G	Ờ
Y	H	C	N	O	M	P	O	Ý	Ă	U	P	Đ	Ả	O	N
K	H	O	Á	N	G	S	Ả	N	C	N	R	L	B	D	G
C	D	V	C	Ớ	Ư	N	Đ	P	H	N	G	Y	H	V	R
O	Q	U	M	A	A	H	N	Ì	H	A	Ị	Đ	I	Y	P
R	D	U	I	I	O	V	Á	C	V	M	A	N	L	V	Y
R	N	G	H	B	H	H	B	N	T	H	P	K	L	T	G
R	O	Q	C	K	P	C	Ọ	H	A	O	H	K	H	D	C

MÔI TRƯỜNG
NƯỚC
VỊNH
CÁ VOI
KHOA HỌC
BẢO TỒN
LỤC ĐỊA
THĂM DÒ
SÔNG BĂNG
BĂNG
MÔN ĐỊA LÝ
ĐẢO
DI CƯ
KHOÁNG SẢN
CHIM
BÁN ĐẢO
CHIM CÁNH CỤT
ROCKY
NHIỆT ĐỘ
ĐỊA HÌNH

72 - Flores

H	J	P	L	B	H	Ư	Ớ	N	G	D	Ư	Ơ	N	G	Y
O	A	L	P	R	Ó	U	U	T	H	T	N	M	P	Y	R
A	S	U	G	N	Ồ	H	A	O	H	N	G	H	I	S	C
L	M	M	L	Ơ	C	Y	O	C	Q	G	H	V	U	I	N
O	I	E	T	Đ	Y	O	H	A	I	N	E	D	R	A	G
A	N	R	C	U	V	H	H	N	I	L	U	L	L	D	H
K	E	I	Ỏ	Ẫ	B	K	N	U	P	L	H	B	P	O	O
È	A	A	B	M	R	L	Á	Y	P	P	O	P	M	Q	N
N	G	R	A	A	Q	V	C	R	Q	H	Y	N	P	N	O
B	A	G	L	O	P	H	O	N	G	L	A	N	G	K	L
R	D	G	Á	H	B	Ồ	C	Ô	N	G	A	N	H	A	Y
H	O	A	O	Ả	I	H	Ư	Ơ	N	G	A	R	R	Y	M
K	N	T	Ử	Đ	I	N	H	H	Ư	Ơ	N	G	K	I	M
L	Ờ	I	K	H	U	Y	Ê	N	D	C	D	V	P	Q	C
V	H	C	H	B	U	B	L	Y	Q	O	P	V	T	Q	Y
O	H	R	A	Q	H	T	D	Â	M	B	Ụ	T	G	I	U

BÓ HOA
BỒ CÔNG ANH
GARDENIA
HƯỚNG DƯƠNG
DÂM BỤT
JASMINE
HOA OẢI HƯƠNG
TỬ ĐINH HƯƠNG
HOA LOA KÈN
MAGNOLIA
DAISY
PHONG LAN
POPPY
HOA MẪU ĐƠN
CÁNH HOA
PLUMERIA
HOA HỒNG
CỎ BA LÁ
LỜI KHUYÊN

73 - Fazenda #1

B	U	Y	L	G	R	N	I	G	B	D	P	B	B	Q	K
H	P	C	T	R	Ư	Ờ	N	G	C	Y	Ệ	R	R	N	M
P	I	L	Ỏ	C	P	P	D	O	O	H	I	O	D	A	C
C	A	D	H	K	Ó	D	O	H	N	Â	H	C	P	Ắ	B
A	O	I	T	G	H	B	N	I	O	I	G	P	D	U	P
Q	C	N	B	Ạ	C	Ô	K	T	N	U	N	L	Ợ	N	H
T	Q	À	M	O	R	B	E	I	G	Q	G	Q	K	C	Â
M	G	Đ	L	È	H	P	Y	I	C	O	N	Q	U	Ạ	N
B	N	B	Q	T	O	Y	U	Q	H	L	Ô	I	Q	A	B
Ò	U	M	D	N	Ư	Ớ	C	P	D	M	N	Q	G	B	Ó
C	R	O	Ê	U	D	H	M	T	A	K	D	I	H	M	N
R	G	M	U	N	Q	N	N	Y	D	G	K	N	R	N	R
U	Y	B	D	N	T	D	L	G	N	O	T	Ậ	M	R	R
P	G	A	G	N	L	K	D	G	Ự	Q	V	G	I	D	D
H	À	N	G	R	À	O	G	U	R	A	L	À	P	O	U
L	T	B	G	U	O	L	P	N	V	V	Y	T	C	D	M

CON ONG
NÔNG NGHIỆP
GẠO
NƯỚC
BẮP CHÂN
DONKEY
DÊ
TRƯỜNG
NGỰA
CHÓ
HÀNG RÀO
CON QUẠ
CỎ KHÔ
PHÂN BÓN
GÀ
CON MÈO
MẬT ONG
LỢN
ĐÀN
BÒ

74 - Livros

B	C	B	A	V	A	U	L	N	M	Y	R	G	T	B	T
À	Ó	Ố	V	T	N	A	U	C	G	D	I	Y	K	T	I
I	L	I	B	Ạ	Á	N	G	Â	M	Q	P	D	N	N	Ể
T	I	C	I	O	K	C	Ọ	H	N	Ă	V	B	L	L	U
H	Ê	Ả	K	L	V	Ọ	G	N	A	R	T	Q	M	A	T
Ơ	N	N	Ị	N	O	Đ	R	I	L	Ị	C	H	S	Ử	H
H	Q	H	C	L	H	I	B	À	Ả	B	U	Y	M	D	U
T	U	U	H	Y	H	Ờ	C	D	N	Y	B	P	C	I	Y
P	A	B	Y	H	N	Ư	R	O	Ạ	T	G	N	Á	S	Ế
L	N	T	V	V	K	G	O	É	V	P	H	R	N	P	T
T	R	Ậ	Ừ	I	G	N	D	K	V	O	U	Q	L	C	I
I	I	V	B	Y	Ế	B	Ộ	S	Ư	U	T	Ậ	P	T	O
M	M	N	R	K	V	T	C	Â	U	C	H	U	Y	Ệ	N
P	C	Â	O	Y	R	G	N	L	P	V	O	M	D	C	L
K	A	H	D	N	Y	R	P	Q	G	N	A	N	K	D	L
O	D	N	M	K	U	Q	B	B	L	C	A	Q	R	A	M

TÁC GIẢ
BỘ SƯU TẬP
BỐI CẢNH
KÉO DÀI
VIẾT
CÂU CHUYỆN
LỊCH SỬ
NGÂM
SÁNG TẠO
NGƯỜI ĐỌC
VĂN HỌC
TỪ
TRANG
NHÂN VẬT
BÀI THƠ
THƠ
CÓ LIÊN QUAN
TIỂU THUYẾT
LOẠT
BI KỊCH

75 - Chocolate

H	Y	D	U	R	N	T	M	N	I	T	C	V	C	K	V
Ư	Ê	Ừ	C	A	C	A	O	G	A	T	A	R	H	Ỳ	A
Ơ	U	A	P	Y	N	D	O	O	H	T	L	C	Ấ	L	D
N	T	Đ	Ắ	N	G	P	V	N	H	P	O	A	T	Ạ	N
G	H	D	U	B	Q	M	N	B	V	O	Y	R	L	A	O
V	Í	P	I	G	N	A	L	T	Y	C	N	A	Ư	D	D
Ị	C	T	H	B	H	A	M	H	B	A	N	M	Ợ	G	T
B	H	V	P	L	K	Q	B	Ơ	Đ	N	D	E	N	Q	R
Đ	Ậ	U	P	H	Ộ	N	G	M	Ư	L	N	L	G	U	Y
T	H	À	N	H	P	H	Ầ	N	Ờ	V	U	H	Q	O	V
H	H	A	V	Y	V	N	P	C	N	R	Ị	T	L	P	B
D	L	M	N	T	C	Ứ	H	T	G	N	Ô	C	Q	U	Q
N	G	Ọ	T	H	D	B	M	U	I	Y	D	L	P	O	V
T	B	D	C	B	Y	D	P	Y	M	P	B	A	I	A	B
G	G	A	A	A	N	T	I	O	X	I	D	A	N	T	Ộ
T	H	H	Q	H	P	V	H	B	Y	K	B	C	U	G	T

ĐƯỜNG
ĐẮNG
ĐẬU PHỘNG
ANTIOXIDANT
THƠM
CACAO
CALO
CARAMEL
DỪA
NGON
NGỌT
KỲ LẠ
YÊU THÍCH
VỊ
THÀNH PHẦN
BỘT
CHẤT LƯỢNG
CÔNG THỨC
HƯƠNG VỊ

76 - Governo

A	L	G	K	L	Y	M	K	H	N	Ì	B	A	Ò	H	T
L	Ã	T	G	U	U	N	A	I	G	C	Ố	U	Q	K	L
N	N	Ậ	U	Q	C	Ậ	P	Ế	G	Y	K	D	C	D	G
Y	H	U	U	A	H	U	T	N	T	T	Ư	P	H	Á	P
L	Đ	K	A	A	Í	L	N	P	D	T	K	V	L	C	N
U	Ạ	G	I	M	N	O	E	H	V	Â	B	H	H	K	G
Đ	O	H	Y	O	H	Ả	M	Á	C	T	N	K	G	L	L
P	Ộ	H	V	C	T	H	U	P	Y	Ự	R	C	K	R	I
H	T	C	N	M	R	T	N	I	I	D	H	O	H	U	V
Á	I	Ị	L	O	Ị	M	O	C	M	O	Y	N	K	Ủ	P
T	Ể	T	U	Ậ	H	V	M	T	B	I	U	C	P	A	Q
B	U	C	H	Q	P	S	Ự	C	Ô	N	G	B	Ằ	N	G
I	B	Ố	G	N	B	H	S	P	R	R	V	U	K	N	I
Ể	A	U	M	Q	Y	G	N	Ẳ	Đ	H	N	Ì	B	N	P
U	N	Q	B	I	O	I	Â	R	M	P	C	B	D	D	N
V	G	N	T	U	V	A	D	N	U	M	O	D	O	C	Q

QUỐC TỊCH
DÂN SỰ
HIẾN PHÁP
DÂN CHỦ
PHÁT BIỂU
THẢO LUẬN
QUẬN
TIỂU BANG
BÌNH ĐẲNG
ĐỘC LẬP
TƯ PHÁP
SỰ CÔNG BẰNG
LUẬT
TỰ DO
LÃNH ĐẠO
MONUMENT
QUỐC GIA
HÒA BÌNH
CHÍNH TRỊ

77 - Jardinagem

B	B	K	T	L	C	N	K	Y	P	T	O	H	T	T	G
B	Ụ	I	V	P	H	R	B	I	Y	I	L	G	M	Ù	A
T	R	I	À	O	L	T	Q	C	P	U	D	U	Ẩ	C	Q
P	V	Ò	B	I	N	Y	P	P	V	U	H	T	Ộ	A	P
P	D	V	K	Ẩ	G	N	H	H	K	N	N	L	Đ	Y	M
K	D	T	A	N	N	Â	H	P	Ỳ	U	M	L	I	I	D
C	V	N	A	U	Ố	H	P	O	L	G	H	V	C	O	K
R	R	D	K	O	I	D	G	B	Ạ	O	L	T	D	O	I
Q	L	I	R	R	G	T	Ấ	Đ	T	K	P	H	N	K	T
M	U	L	M	Y	T	H	N	Ì	B	K	O	C	D	N	V
K	N	M	L	U	Ạ	Ự	V	K	K	L	T	H	Ẻ	A	Q
I	H	O	V	U	H	C	Ớ	Ư	N	G	P	Q	H	K	M
U	Q	Í	Q	I	B	V	B	Ó	H	O	A	H	D	L	D
L	B	A	H	L	A	Ậ	O	G	O	D	U	Y	H	Á	R
K	U	B	N	Ậ	P	T	Ă	N	Đ	Ư	Ợ	C	I	O	O
D	L	V	O	C	U	C	A	H	N	M	G	P	U	D	A

NƯỚC
THỰC VẬT
BÓ HOA
KHÍ HẬU
ĂN ĐƯỢC
PHÂN
LOÀI
KỲ LẠ
HOA
LÁ
VÒI
THẺ
BÌNH
MÙA
HẠT GIỐNG
ĐẤT
BỤI BẨN
ĐỘ ẨM

78 - Profissões #2

G	L	P	T	N	Ê	I	V	O	Á	I	G	O	H	T	B
O	Y	Y	R	L	Ô	G	A	T	M	P	R	G	O	O	R
R	Y	D	I	Y	N	N	I	P	B	Q	N	N	Ạ	H	T
V	Y	V	Ế	L	A	I	G	Ị	R	T	H	N	Í	H	C
K	M	Y	T	K	V	R	H	D	V	C	A	N	N	P	Ọ
P	Q	K	G	O	I	M	N	R	Â	G	S	H	H	V	H
T	H	Q	I	H	M	O	Ả	B	M	N	Ĩ	À	À	I	A
Q	M	I	A	T	U	H	P	A	C	Ô	D	N	X	V	Ó
I	A	U	H	I	B	I	Ế	H	A	C	L	G	U	Y	H
Y	L	A	C	À	V	T	I	A	I	I	Q	Ô	Ấ	L	À
Y	C	V	A	Q	N	I	H	U	G	H	C	N	T	O	H
N	H	À	B	Á	O	H	N	Ủ	G	P	O	N	B	L	N
B	Á	C	S	Ĩ	B	I	G	Q	T	U	A	G	Ả	T	I
T	H	Á	M	T	Ử	K	H	I	U	H	R	Ữ	N	D	I
A	N	O	K	B	V	A	L	P	A	M	Ư	S	Ỹ	K	A
Q	U	H	N	G	B	B	H	Ọ	A	S	Ĩ	R	P	C	Y

NÔNG DÂN
PHI HÀNH GIA
THỦ THƯ
NHA SĨ
THÁM TỬ
NHÀ XUẤT BẢN
KỸ SƯ
TRIẾT GIA
NHIẾP ẢNH GIA
HOẠ
NHÀ BÁO
NHÀ NGÔN NGỮ
BÁC SĨ
PHI CÔNG
HỌA SĨ
CHÍNH TRỊ GIA
GIÁO VIÊN
NHÀ HÓA HỌC

79 - Café

C	P	B	M	B	Ộ	L	Ọ	C	G	I	Á	O	K	V	N
U	H	V	Ơ	L	I	R	M	L	I	C	G	C	U	Q	D
V	L	Ấ	H	Y	C	R	U	L	R	P	H	U	N	D	B
G	R	I	T	D	I	A	G	B	N	K	G	M	A	Y	U
C	D	A	H	L	Q	Y	Q	V	N	A	D	T	O	K	Ổ
C	Y	N	B	V	Ỏ	P	G	Đ	V	R	O	P	I	A	I
Ố	A	Ữ	S	B	D	N	O	E	R	N	B	Q	V	V	S
C	X	F	M	L	H	H	G	N	U	C	Đ	A	L	N	Á
V	H	M	F	Đ	Ồ	U	Ố	N	G	D	B	Ư	U	I	N
P	M	T	M	E	K	Ị	V	G	N	Ơ	Ư	H	Ờ	G	G
N	Ư	Ớ	C	U	I	G	Y	M	A	Đ	Ắ	N	G	N	G
G	T	Y	N	H	O	N	A	K	R	K	T	K	L	U	G
C	Q	D	D	P	G	I	E	I	Q	H	K	Q	C	R	A
M	O	T	D	L	A	M	T	Y	I	N	K	N	A	G	V
H	D	C	H	N	K	D	R	L	Y	D	C	T	R	G	B
B	Q	N	I	H	D	Q	G	Ố	C	D	Q	A	A	C	L

ĐƯỜNG
ĐẮNG
THƠM
RANG
NƯỚC
ĐỒ UỐNG
CAFFEINE
CỐC
KEM

BỘ LỌC
SỮA
CHẤT LỎNG
BUỔI SÁNG
XAY
GỐC
GIÁ
ĐEN
HƯƠNG VỊ

80 - Negócios

N	Á	B	B	U	C	Q	T	B	N	C	C	V	O	Q	P
Í	H	P	I	H	C	U	G	I	T	H	L	M	Q	T	C
N	L	Â	P	Y	M	N	U	K	M	Ủ	Ư	Ệ	A	C	T
G	N	C	N	H	H	P	H	O	A	N	T	I	Ề	N	À
H	I	N	N	V	N	L	B	A	Ó	H	U	T	I	O	I
Ề	R	B	D	I	I	Q	Ợ	U	H	Â	Ầ	A	L	Y	C
N	I	N	P	L	Q	Ê	D	I	G	N	Đ	Ử	U	G	H
G	A	K	C	Y	B	P	N	K	N	M	R	C	H	C	Í
H	N	A	Q	T	Y	Y	Á	M	À	H	N	H	K	Ô	N
I	N	G	Â	N	S	Á	C	H	H	K	U	G	D	N	H
Ệ	G	I	Ả	M	G	I	Á	P	B	I	Y	Ậ	A	G	D
P	Ậ	H	N	U	H	T	K	M	U	N	P	Q	N	T	R
T	L	V	Q	M	G	U	H	K	R	H	U	N	R	Y	H
V	Ă	N	P	H	Ò	N	G	U	Y	T	M	P	Y	M	G
A	N	D	T	I	Ề	N	T	Ệ	Ế	Ế	H	L	K	Y	L
U	R	M	C	L	M	Q	Y	U	N	Q	A	B	K	Q	A

NGHỀ NGHIỆP
CHI PHÍ
GIẢM GIÁ
TIỀN
KINH TẾ
NHÂN VIÊN
CHỦ NHÂN
CÔNG TY
VĂN PHÒNG
NHÀ MÁY
TÀI CHÍNH
THUẾ
ĐẦU TƯ
CỬA TIỆM
LỢI NHUẬN
HÀNG HÓA
TIỀN TỆ
NGÂN SÁCH
THU NHẬP
BÁN

81 - Fazenda #2

Y	O	O	T	I	H	H	T	O	A	M	H	B	O	L	B
P	R	A	D	I	H	G	B	C	L	L	O	G	T	Ú	M
M	Á	Y	K	É	O	C	O	A	Ữ	S	B	N	O	A	O
M	T	H	K	M	T	O	L	Ự	N	O	U	K	A	M	V
R	N	H	Đ	O	G	L	R	V	D	Ẻ	I	D	Q	Ì	A
H	D	K	Ộ	I	G	M	U	Q	Ị	H	V	U	G	D	C
O	Y	T	N	Ợ	H	T	V	T	U	T	I	U	Y	T	O
V	Y	I	G	L	Ú	A	M	Ạ	C	H	B	U	B	C	U
U	T	M	V	Y	T	Q	B	H	K	N	H	T	I	D	H
C	K	M	Ậ	Ủ	L	T	A	L	R	R	I	A	R	N	D
L	U	P	T	H	H	U	R	K	D	U	A	A	Y	N	Y
T	O	G	G	T	K	A	B	Á	C	U	A	R	U	L	Q
R	P	N	Â	D	G	N	Ô	N	I	Ừ	P	V	T	N	C
L	K	O	G	N	Ỗ	G	N	B	Ỏ	C	G	N	Ồ	Đ	H
A	Y	Ổ	M	Ô	Q	C	H	U	Y	H	Â	I	I	L	Í
I	K	T	Y	U	M	T	Y	H	B	P	N	Y	Q	V	N

NÔNG DÂN
ĐỘNG VẬT
VỰA
LÚA MẠCH
TỔ ONG
TRÁI CÂY
NGỖNG
THỦY LỢI
SỮA
CHÍN
NGÔ
CỪU
VỊT
THẺ
ĐỒNG CỎ
MÁY KÉO
LÚA MÌ
RAU

82 - Jardim

N	T	Y	H	H	G	K	K	V	B	G	V	L	V	O	U
G	U	K	V	K	A	Y	N	K	P	Y	H	M	O	N	N
T	Ấ	M	B	Ạ	T	B	Ă	N	G	G	H	Ế	K	H	K
W	L	D	D	B	M	K	H	Ê	N	R	C	P	L	A	B
E	P	G	D	D	Ụ	V	I	I	Õ	L	R	R	N	D	U
E	T	M	K	T	U	I	K	H	V	H	T	L	T	I	A
D	I	N	Q	V	T	Ỏ	C	K	O	K	B	N	O	O	A
S	D	V	V	C	U	B	T	Â	A	V	V	O	I	À	O
C	Â	Y	Ò	H	G	G	N	H	Y	U	G	Ư	B	R	H
M	V	L	I	O	B	A	Q	M	Ẻ	I	I	O	Ờ	G	C
P	O	G	S	Â	N	T	H	Ư	Ợ	N	G	A	Q	N	G
B	U	C	Q	C	C	H	H	Q	A	N	Q	A	O	À	C
H	P	Đ	D	D	P	H	O	M	Q	L	Y	A	T	H	C
D	C	Ấ	G	M	D	R	G	Y	P	L	I	R	M	C	R
H	L	T	P	N	T	I	L	H	R	T	M	A	R	A	P
P	D	Y	R	P	H	K	D	A	X	Ẻ	N	G	V	H	D

CÀO
BỤI CÂY
CÂY
BĂNG GHẾ
HÀNG RÀO
WEEDS
HOA
GA-RA
CỎ
VƯỜN
AO
VÕNG
VÒI
XẺNG
THẺ
ĐẤT
SÂN THƯỢNG
TẤM BẠT
HIÊN

83 - Política

P	Q	N	N	U	Ủ	Y	B	A	N	T	B	Y	C	C	C
M	H	U	H	G	V	N	B	G	Ế	K	Ì	M	D	H	H
O	G	Ổ	Ố	À	P	H	P	O	I	R	N	T	N	Í	I
N	G	L	B	C	H	O	R	D	K	G	H	I	C	N	Ế
K	P	C	O	I	G	O	G	L	Ý	C	Đ	N	Q	H	N
L	N	K	L	G	Ế	I	Ạ	B	N	M	Ẳ	Ê	A	T	T
D	A	V	O	L	Q	N	A	T	H	R	N	I	Y	R	H
H	Ộ	I	Đ	Ồ	N	G	L	V	Đ	C	G	V	A	Ị	Ắ
P	Ủ	Q	G	Q	O	Q	K	I	H	Ộ	H	Ử	G	G	N
C	H	I	Ế	N	D	Ị	C	H	D	P	N	C	R	I	G
Ứ	P	G	U	L	Ự	K	Y	K	K	B	V	G	H	A	I
Đ	H	P	H	G	T	P	P	G	L	M	Q	N	L	B	P
O	N	M	T	K	I	C	D	B	Y	D	D	Ứ	U	A	N
Ạ	Í	S	Ự	L	Ự	A	C	H	Ọ	N	C	D	R	Y	Q
Đ	H	C	Á	S	H	N	Í	H	C	T	T	U	N	A	U
M	C	Ợ	Ư	L	N	Ế	I	H	C	D	T	V	N	M	L

NHÀ HOẠT ĐỘNG
CHIẾN DỊCH
ỨNG CỬ VIÊN
ỦY BAN
HỘI ĐỒNG
SỰ LỰA CHỌN
CHIẾN LƯỢC
ĐẠO ĐỨC
CHÍNH PHỦ
BÌNH ĐẲNG
THUẾ
TỰ DO
QUỐC GIA
Ý KIẾN
CHÍNH SÁCH
CHÍNH TRỊ GIA
PHỔ BIẾN
CHIẾN THẮNG

84 - Oceano

M	T	C	R	L	V	G	Y	G	K	Q	G	B	C	G	R
M	D	C	G	N	Y	L	R	B	I	V	K	I	A	U	H
Ô	A	G	I	A	C	Y	V	H	O	K	P	G	O	Q	À
T	H	H	U	R	B	M	B	V	Q	T	B	U	B	D	U
C	Á	N	G	Ừ	T	H	Ủ	Y	T	R	I	Ề	U	V	Y
Ộ	H	Ề	A	Ứ	S	T	D	O	C	T	R	Ả	L	Ạ	I
U	L	Y	Ù	S	B	D	D	Y	H	Á	C	D	D	G	B
T	M	U	R	L	U	R	L	P	G	D	V	O	O	Q	A
H	O	H	D	G	L	V	N	H	P	Á	T	O	Ã	B	T
C	H	T	R	O	Ư	T	I	C	Ậ	C	Ả	A	I	I	B
Ạ	H	Q	P	D	Ơ	I	M	Y	M	N	O	M	Ố	Y	H
B	D	C	C	Á	N	M	C	L	Á	H	B	P	U	L	H
L	R	T	U	D	V	N	Á	M	C	C	K	T	M	T	M
O	D	H	H	A	T	T	H	O	L	R	M	I	A	O	O
G	H	R	T	B	R	L	E	D	A	C	Y	G	G	U	O
B	Ọ	T	B	I	Ể	N	O	O	R	O	G	U	Y	H	C

TẢO
CÁ NGỪ
CÁ VOI
THUYỀN
TÔM
CUA
SAN HÔ
LƯƠN
BỌT BIỂN
CÁ HEO
THỦY TRIỀU
SỨA
HÀU
CÁ
BẠCH TUỘC
TRẢ LẠI
MUỐI
RÙA
BÃO TÁP
CÁ MẬP

85 - Profissões #1

N	P	N	K	L	B	A	M	N	L	D	K	V	T	O	B
G	L	G	Q	Q	Ự	I	J	E	W	E	L	E	R	N	L
H	U	H	O	L	G	C	Ê	Đ	Ạ	I	S	Ứ	P	G	N
Ệ	M	Ệ	L	R	Y	N	S	N	Ă	S	Ợ	H	T	Â	H
S	B	S	M	M	T	R	H	Ĩ	T	D	O	D	K	N	Ạ
Ĩ	E	Ĩ	Y	D	T	Q	Ư	S	T	Ậ	U	L	U	H	C
P	R	Y	Ú	H	T	Ĩ	S	C	Á	B	P	I	G	À	S
I	H	C	C	I	M	U	I	Á	R	A	B	V	D	N	Ĩ
A	C	B	T	I	I	V	M	B	K	H	H	G	I	G	B
N	L	Í	N	H	C	Ứ	U	H	Ỏ	A	B	K	R	Ê	G
O	Y	V	A	N	N	H	À	K	H	O	A	H	Ọ	C	N
A	A	T	L	K	G	H	P	M	T	K	A	A	P	B	Ô
V	M	M	Á	H	T	H	Ủ	Y	T	H	Ủ	A	O	R	C
K	Ợ	M	U	V	O	R	G	D	V	U	Y	Q	Q	L	Ũ
G	H	Q	H	G	O	L	G	O	M	O	K	L	T	C	V
V	T	M	N	H	À	Đ	Ị	A	C	H	Ấ	T	B	B	M

LUẬT SƯ
THỢ MAY
NGHỆ SĨ
LỰC SĨ
NGÂN HÀNG
LÍNH CỨU HỎA
THỢ SĂN
NHÀ KHOA HỌC
VŨ CÔNG
BÁC SĨ
BIÊN TẬP VIÊN
ĐẠI SỨ
PLUMBER
Y TÁ
NHÀ ĐỊA CHẤT
JEWELER
THỦY THỦ
NHẠC SĨ
NGHỆ SĨ PIANO
BÁC SĨ THÚ Y

86 - Força e Gravidade

K	P	O	A	O	V	L	O	D	C	Y	Q	I	G	B	V
Ổ	H	P	R	U	Ậ	M	A	S	Á	T	N	A	M	B	D
G	N	O	M	A	T	I	N	Y	C	H	R	G	C	O	Ộ
R	Í	C	Ả	Y	L	B	O	U	O	À	A	L	R	I	Đ
C	T	H	Q	N	Ý	P	Q	I	A	N	D	U	T	D	C
Y	Ừ	I	L	A	G	É	D	Q	V	H	K	N	K	Y	Ố
B	T	B	M	I	N	C	P	M	Â	T	G	N	U	R	T
I	B	B	I	G	Ộ	Ứ	Á	V	D	I	K	H	K	R	A
C	Ụ	R	T	I	Đ	S	H	C	A	N	K	N	H	K	I
M	Ử	V	L	Ờ	G	N	M	I	H	H	A	G	Á	Q	O
Q	Ở	Đ	U	H	N	C	Â	N	N	Ặ	N	G	M	L	T
I	B	R	Ộ	T	Ă	Q	U	Ỹ	Đ	Ạ	O	V	P	L	T
U	B	T	Ộ	N	N	C	Ư	Ờ	N	G	Đ	Ộ	H	M	Y
R	G	P	H	N	G	C	Ơ	K	H	Í	P	B	Á	N	T
M	B	O	M	O	G	T	Í	N	H	C	H	Ấ	T	U	H
R	V	K	D	M	L	N	P	Y	Y	O	I	T	R	V	D

MA SÁT
TRUNG TÂM
KHÁM PHÁ
NĂNG ĐỘNG
KHOẢNG CÁCH
TRỤC
MỞ RỘNG
VẬT LÝ
TỪ TÍNH
CƯỜNG ĐỘ
CƠ KHÍ
CỬ ĐỘNG
QUỸ ĐẠO
CÂN NẶNG
HÀNH TINH
SỨC ÉP
TÍNH CHẤT
TỐC ĐỘ
THỜI GIAN
PHỔ

87 - Ciência

I	O	K	V	K	N	G	U	Y	Ê	N	T	Ử	L	R	U
I	U	D	M	P	L	C	Q	Ậ	V	V	Ậ	T	L	Ý	O
T	H	Í	N	G	H	I	Ệ	M	H	T	G	T	T	R	T
P	H	Ư	Ơ	N	G	P	H	Á	P	Í	H	A	R	C	T
C	B	L	D	C	H	Ạ	T	P	H	T	H	Ự	B	A	C
H	Ó	A	C	H	Ấ	T	D	V	I	R	T	K	C	Q	M
T	A	G	P	B	D	K	U	U	H	Ọ	I	R	Ọ	T	I
N	Ê	I	H	N	N	Ê	I	H	T	N	Ế	Q	H	P	Ế
G	M	Ả	O	Q	L	N	G	U	O	G	N	U	A	H	A
A	D	T	K	K	A	Y	K	L	A	L	H	A	O	Â	I
A	T	H	D	C	M	Y	B	K	V	Ự	Ó	N	H	N	D
N	L	U	M	P	V	L	L	P	V	C	A	S	K	T	V
R	P	Y	K	H	O	Á	N	G	S	Ả	N	Á	À	Ử	C
P	U	Ế	M	H	R	N	Q	V	O	P	N	T	H	Q	Â
L	O	T	D	Ữ	L	I	Ệ	U	V	A	V	D	N	K	Y
H	Ó	A	T	H	Ạ	C	H	D	Q	M	V	T	I	L	Y

NGUYÊN TỬ
NHÀ KHOA HỌC
KHÍ HẬU
DỮ LIỆU
TIẾN HÓA
THÍ NGHIỆM
THỰC TẾ
VẬT LÝ
HÓA THẠCH
TRỌNG LỰC
GIẢ THUYẾT
PHƯƠNG PHÁP
KHOÁNG SẢN
PHÂN TỬ
THIÊN NHIÊN
QUAN SÁT
HẠT
CÂY
HÓA CHẤT

88 - Comida #1

K	D	O	H	Q	S	A	M	Đ	Ế	O	V	T	C	S	N
C	H	A	N	H	Ú	G	N	Ư	U	Y	G	P	Á	Ữ	L
O	V	A	L	M	P	C	O	Ờ	Q	N	I	É	N	A	A
V	V	L	I	A	P	N	V	N	G	U	O	C	G	C	B
Q	U	Ả	M	Ơ	S	D	C	G	N	H	Ế	Ớ	Ừ	Đ	A
R	A	U	B	I	N	A	T	Y	Ú	N	À	Ư	M	Ậ	U
A	C	U	G	C	Ủ	C	Ả	I	H	Á	Q	N	G	U	G
L	Ú	A	M	Ạ	C	H	M	Ỏ	I	B	D	H	H	P	U
P	T	Y	M	L	N	M	G	T	Ố	R	À	C	L	H	L
B	Y	U	T	Y	G	I	R	G	U	I	P	H	B	Ụ	G
Y	Y	U	V	M	I	T	T	N	M	O	N	T	D	N	I
V	V	D	B	L	Y	T	M	Q	T	O	H	A	Y	G	K
U	L	P	R	B	R	D	L	D	P	G	K	U	D	I	Q
A	I	Q	D	V	L	N	M	A	T	U	Y	I	U	M	V
N	V	V	I	C	D	O	H	P	Q	H	A	I	I	U	V
K	N	C	U	D	Â	U	T	Â	Y	A	T	P	Y	I	U

ĐƯỜNG
TỎI
ĐẬU PHỤNG
CÁ NGỪ
BÁNH
QUẾ
HÀNH
CÀ RỐT
LÚA MẠCH
QUẢ MƠ
RAU BINA
SỮA
CHANH
HÚNG QUẾ
DÂU TÂY
CỦ CẢI
MUỐI
SALAD
SÚP
NƯỚC ÉP

89 - Geometria

K	H	Ọ	C	T	H	U	Y	Ế	T	Y	V	P	K	G	I
T	H	N	G	B	Y	D	Y	H	P	L	Ò	I	Í	Ó	I
H	B	Ố	G	N	O	S	G	N	O	S	N	B	C	C	Đ
Ẳ	V	A	I	A	B	G	K	C	L	L	G	G	H	M	Ố
N	O	C	H	L	N	L	Q	Ệ	L	Ỷ	T	T	T	K	I
G	H	K	N	Đ	Ư	G	R	K	B	V	R	R	H	B	X
Đ	G	I	Ì	Q	Ư	Ợ	T	T	Ề	H	Ò	U	Ư	O	Ứ
Ứ	U	I	R	N	V	Ờ	N	T	M	B	N	N	Ớ	T	N
N	D	A	T	I	V	Y	N	G	Ặ	C	G	G	C	G	G
G	Y	V	G	V	O	Y	U	G	T	A	N	B	O	Y	T
H	K	M	N	R	B	O	M	G	K	U	T	Ì	D	T	K
T	H	Q	Ơ	P	D	G	O	D	U	Í	M	N	K	H	U
R	Ú	Đ	Ư	Ờ	N	G	C	O	N	G	N	H	U	O	T
U	C	B	H	T	A	M	G	I	Á	C	C	H	T	L	H
B	Ý	L	P	Ợ	H	C	H	I	Ề	U	C	A	O	D	M
T	M	C	L	B	T	Í	N	H	T	O	Á	N	T	I	D

CHIỀU CAO
GÓC
TÍNH TOÁN
VÒNG TRÒN
ĐƯỜNG CONG
ĐƯỜNG KÍNH
KÍCH THƯỚC
PHƯƠNG TRÌNH
NGANG
HỢP LÝ
KHỐI LƯỢNG
TRUNG BÌNH
SONG SONG
TỶ LỆ
KHÚC
ĐỐI XỨNG
BỀ MẶT
HỌC THUYẾT
TAM GIÁC
THẲNG ĐỨNG

90 - Pássaros

N	A	C	U	O	T	R	Ứ	N	G	G	À	N	C	Q	V
C	T	U	O	Q	Ị	M	R	G	N	N	K	G	T	Y	A
Ệ	H	Ể	I	N	V	U	C	I	Ô	À	G	Ỗ	B	T	Y
I	D	I	Q	R	V	V	T	V	C	B	K	N	V	N	F
D	A	Đ	M	G	O	Ệ	T	P	V	I	N	G	D	Y	L
N	N	À	C	C	I	U	T	N	H	Ạ	Q	C	U	I	A
A	K	Đ	P	H	Á	Y	R	Y	P	Đ	M	U	Q	Q	M
R	A	Ẻ	A	O	I	N	M	Ò	N	G	B	I	Ể	N	I
B	P	S	P	L	V	M	H	C	Y	T	B	M	U	Q	N
U	C	M	I	H	C	I	B	C	N	A	R	V	A	H	G
T	H	I	Ê	N	N	G	A	Ồ	Ụ	O	D	B	Y	M	O
L	G	H	H	C	V	N	D	Y	C	T	A	M	L	K	I
N	T	C	L	Y	K	Ô	B	A	U	Â	R	R	I	L	K
N	R	N	M	D	H	N	R	D	K	Ạ	U	Q	N	O	C
N	I	V	L	K	Y	Ồ	R	B	L	A	L	M	N	I	N
O	V	O	P	R	Y	B	C	D	M	D	R	M	D	I	U

ĐÀ ĐIỂU
ĐẠI BÀNG
CÒ
THIÊN NGA
CON QUẠ
CHIM CU
FLAMINGO
GÀ
MÒNG BIỂN
NGỖNG
DIỆC
TRỨNG
CON VẸT
CHIM SẺ
VỊT
CÔNG
BỒ NÔNG
CHIM CÁNH CỤT
CHIM BỒ CÂU
TOUCAN

91 - Literatura

Ẩ	H	C	G	U	U	T	L	P	T	T	M	N	Ý	H	M
N	Y	G	P	H	O	N	G	C	Á	C	H	H	K	Ộ	C
D	C	D	R	U	U	Ầ	D	P	P	O	C	Ị	I	I	H
Ụ	I	R	A	H	M	V	G	M	C	M	Í	P	Ế	T	Ủ
G	I	A	I	T	H	O	Ạ	I	B	Y	T	G	N	H	Đ
S	Ự	M	I	Ê	U	T	Ả	Ử	Y	H	N	I	G	O	Ề
S	P	R	N	V	M	Ế	K	S	G	G	Â	N	H	Ạ	T
B	O	V	D	I	Q	Y	P	U	T	N	H	A	T	I	D
T	I	S	M	V	A	U	A	Ể	Q	L	P	Q	H	M	D
Y	M	K	Á	L	R	H	V	I	Ễ	N	T	Ư	Ở	N	G
L	G	D	Ị	N	Y	T	Ự	T	G	N	Ơ	Ư	T	N	U
A	M	T	D	C	H	U	U	Y	H	B	O	O	B	N	C
K	B	H	U	A	H	Ể	K	K	V	Ơ	H	T	I	À	B
G	N	L	M	L	Ả	I	G	C	Á	T	I	D	V	N	Y
I	P	N	Ậ	U	L	T	Ế	K	N	Ầ	H	P	Q	N	C
Q	K	H	C	O	Y	Y	Y	L	V	L	P	Q	M	O	R

TƯƠNG TỰ
PHÂN TÍCH
GIAI THOẠI
TÁC GIẢ
TIỂU SỬ
SO SÁNH
PHẦN KẾT LUẬN
SỰ MIÊU TẢ
HỘI THOẠI
PHONG CÁCH
VIỄN TƯỞNG
ẨN DỤ
Ý KIẾN
BÀI THƠ
THƠ
VẦN
NHỊP
TIỂU THUYẾT
CHỦ ĐỀ
BI KỊCH

92 - Química

D	T	P	R	T	Ô	X	Y	A	I	Ơ	C	U	Ữ	H	I
H	I	Y	H	H	H	T	P	O	G	M	U	Ố	I	Ạ	C
R	M	D	M	Â	B	V	R	I	K	M	H	N	I	T	Q
K	V	I	V	G	N	Ặ	N	N	Â	C	G	Q	P	N	H
D	O	N	Y	H	O	T	G	V	O	M	L	O	H	H	Y
C	V	R	Ế	R	I	M	Ử	E	N	Z	Y	M	E	Â	D
V	L	N	U	H	U	G	T	Q	L	M	O	Ề	I	N	R
A	H	O	T	Q	K	I	N	B	C	P	G	I	R	L	O
G	V	M	Ố	N	I	H	Ệ	Ỏ	M	T	A	K	C	H	V
H	V	T	H	O	G	U	I	L	L	Q	N	R	H	D	N
G	V	U	P	B	Q	A	Đ	N	R	T	Q	D	T	Q	P
U	N	U	L	R	U	U	K	H	Í	A	Ấ	I	G	Q	R
R	H	I	I	A	N	H	I	Ệ	T	Đ	Ộ	H	B	N	G
N	I	G	G	C	H	Ấ	T	X	Ú	C	T	Á	C	P	T
G	Ễ	R	D	G	P	I	A	N	H	P	H	H	R	Q	T
M	T	A	X	I	T	L	P	G	M	Q	G	G	N	I	K

KIỀM
AXIT
NHIỆT
CARBON
CHẤT XÚC TÁC
CLO
YẾU TỐ
ĐIỆN TỬ
ENZYME
KHÍ
HYDRO
ION
CHẤT LỎNG
PHÂN TỬ
HẠT NHÂN
HỮU CƠ
ÔXY
CÂN NẶNG
MUỐI
NHIỆT ĐỘ

93 - Clima

U	G	V	V	N	K	G	I	Ó	N	C	D	Ù	B	P	N
G	K	B	P	Ư	H	C	Ơ	N	B	Ã	O	M	Ầ	N	H
B	G	R	M	Ớ	Í	C	Ầ	U	V	Ồ	N	G	U	U	P
H	T	R	H	C	H	Ẩ	M	Ư	Ớ	T	L	N	T	S	L
K	Ạ	C	D	Đ	Ậ	A	T	N	Q	P	Ố	Ơ	R	Ấ	T
M	H	N	O	Á	U	C	P	C	Ự	C	C	Ư	Ờ	M	T
O	G	Ô	H	A	N	H	N	K	L	U	X	S	I	S	N
O	H	A	N	Á	L	O	I	H	Q	K	O	B	R	É	H
G	P	V	Y	G	N	Y	U	Ô	Y	B	Á	Q	C	T	I
V	I	V	U	T	K	D	P	T	C	T	Y	B	B	O	Ệ
G	R	Ó	T	N	D	H	H	I	O	K	Â	Y	L	L	T
L	R	S	M	G	N	N	Í	L	Y	I	M	H	P	O	Đ
Y	U	É	P	Ù	B	Ã	O	T	Á	P	M	O	A	Q	Ớ
N	A	T	D	H	A	C	V	G	A	B	Á	A	Y	G	I
N	H	I	Ệ	T	Đ	Ộ	P	A	L	Q	Đ	Y	I	M	V
Y	T	I	A	G	O	M	C	N	V	P	Q	L	T	M	T

CẦU VỒNG
KHÔNG KHÍ
BẦU TRỜI
KHÍ HẬU
CƠN BÃO
NƯỚC ĐÁ
GIÓ MÙA
SƯƠNG MÙ
ĐÁM MÂY
CỰC
SÉT
HẠN HÁN
KHÔ
NHIỆT ĐỘ
BÃO TÁP
LỐC XOÁY
NHIỆT ĐỚI
SẤM SÉT
ẨM ƯỚT
GIÓ

94 - Tecnologia

Y	R	I	O	U	Ứ	C	N	Ê	I	H	G	N	M	A	T
A	T	B	A	R	L	K	O	Ả	I	D	B	R	Á	C	I
Ê	T	P	G	D	M	Ề	M	N	Ầ	H	P	M	Y	N	M
K	Ỹ	T	H	U	Ậ	T	S	Ố	T	C	K	L	T	A	O
G	A	A	P	M	K	E	L	H	Ú	R	P	H	Í	G	D
N	I	L	K	D	Q	N	A	K	R	D	Ở	O	N	U	H
Ố	C	G	V	B	L	R	T	Y	I	Ữ	H	C	H	I	A
H	C	B	I	Y	D	E	U	A	V	L	N	L	N	O	C
T	O	M	L	I	R	T	Y	O	D	I	I	O	Ả	A	I
M	K	H	U	O	G	N	H	K	V	Ệ	N	G	Y	L	A
K	T	R	G	Y	G	I	M	U	P	U	N	Y	Á	Y	M
B	N	H	G	V	N	À	M	Y	M	K	A	Q	M	U	C
K	T	C	C	P	L	Ộ	D	O	G	R	I	I	U	G	H
T	Q	D	N	G	P	Ệ	I	Đ	G	N	Ô	H	T	Y	K
Q	T	R	Ì	N	H	D	U	Y	Ệ	T	D	A	U	H	R
V	T	Ậ	P	T	I	N	C	B	B	G	G	L	C	Y	L

TẬP TIN
BLOG
NỘI
MÁY ẢNH
MÁY TÍNH
CON TRỎ
DỮ LIỆU
KỸ THUẬT SỐ
THỐNG KÊ
CHỮ
INTERNET
THÔNG ĐIỆP
TRÌNH DUYỆT
NGHIÊN CỨU
AN NINH
PHẦN MỀM
MÀN
ẢO
VI RÚT

95 - Diplomacia

V	G	N	Ồ	Đ	G	N	Ộ	C	Y	O	Q	C	T	C	V
D	N	G	Ấ	A	N	V	K	V	Đ	G	L	H	O	Ô	T
O	Ằ	Ô	N	V	N	A	Y	K	Ạ	N	H	Í	À	N	Y
K	B	N	Y	B	Ố	A	Y	G	I	Q	U	N	N	G	T
Y	G	N	D	D	M	C	H	C	S	V	D	H	V	D	Y
N	N	G	P	L	R	B	O	N	Ứ	R	Y	P	Ẹ	Â	G
N	Ô	Ữ	Đ	Ạ	I	S	Ứ	Q	U	Á	N	H	N	N	I
P	C	R	C	Ứ	Đ	O	Ạ	Đ	O	I	V	Ủ	Q	U	Ả
O	Ự	P	Á	H	Q	Ạ	Y	Q	V	Y	K	C	Y	R	I
B	S	T	T	P	Í	Đ	H	I	Ệ	P	Ư	Ớ	C	N	P
N	U	Q	P	N	C	N	Ậ	U	L	O	Ả	H	T	T	H
N	V	V	Ợ	U	C	Â	H	D	B	B	P	C	N	M	Á
K	G	B	H	A	H	H	G	T	Ộ	Đ	G	N	U	X	P
G	B	Y	R	N	A	N	L	A	R	M	L	N	U	K	I
B	I	P	C	M	T	Ế	Y	U	Q	Ị	H	G	N	M	L
A	N	N	I	N	H	A	N	G	O	Ạ	I	G	I	A	O

CÔNG DÂN
CỘNG ĐỒNG
XUNG ĐỘT
CỐ VẤN
HỢP TÁC
NGOẠI GIAO
THẢO LUẬN
ĐẠI SỨ QUÁN
ĐẠI SỨ
ĐẠO ĐỨC
CHÍNH PHỦ
NHÂN ĐẠO
TOÀN VẸN
SỰ CÔNG BẰNG
NGÔN NGỮ
CHÍNH TRỊ
NGHỊ QUYẾT
AN NINH
GIẢI PHÁP
HIỆP ƯỚC

96 - Comida # 2

S	V	U	G	N	L	N	G	D	Q	N	V	N	H	Q	S
P	Ữ	K	U	N	Ú	R	N	Ấ	M	Í	T	À	C	U	Ô
D	T	A	U	Q	A	O	Ô	S	I	T	A	V	N	Ả	C
B	K	O	C	T	M	O	B	D	V	G	U	A	I	A	Ô
L	G	T	P	H	Ì	Y	M	P	K	I	H	T	G	N	L
A	K	O	R	G	U	R	Ă	G	C	A	C	P	G	H	A
A	Q	H	M	U	B	A	I	O	À	V	À	Y	I	Đ	Q
H	N	A	X	I	Ả	C	G	N	Ô	B	C	Q	G	À	I
A	Q	U	Ả	K	I	W	I	Â	C	H	U	P	C	O	H
I	A	M	Ô	H	P	K	Y	H	R	R	G	R	B	H	P
Ố	L	I	A	T	M	U	V	N	L	G	T	R	Ứ	N	G
U	N	A	M	G	Á	A	Y	H	U	Ạ	B	G	P	G	L
H	U	Y	M	D	Q	O	V	N	N	O	C	H	L	Y	M
C	C	M	B	G	Q	N	V	Ạ	L	A	N	T	G	G	L
Á	I	T	Q	G	T	K	Q	H	B	T	Y	C	B	P	D
R	M	V	K	P	Q	Y	I	N	M	D	O	C	V	P	R

ATISÔ
HẠNH NHÂN
GẠO
CHUỐI
CÀ TÍM
BÔNG CẢI XANH
QUẢ ANH ĐÀO
SÔ CÔ LA
NẤM
GÀ
SỮA CHUA
QUẢ KIWI
TÁO
TRỨNG
CÁ
GIĂM BÔNG
PHÔ MAI
CÀ CHUA
LÚA MÌ
NHO

97 - Jazz

I	C	R	M	R	Q	K	B	Q	C	I	N	R	T	N	C
T	H	À	N	H	P	H	Ầ	N	O	V	K	P	H	B	T
M	H	Q	O	D	D	À	N	N	H	Ạ	C	H	Ể	K	D
P	B	M	I	P	H	Q	Y	V	G	V	D	C	L	U	T
Q	N	U	Â	M	N	H	Ạ	C	I	P	L	Á	O	O	N
H	R	B	Ổ	N	H	Ị	P	T	V	P	M	C	Ạ	T	Ổ
N	N	L	T	I	O	O	C	I	G	L	I	G	I	R	I
D	G	A	A	K	H	N	Ạ	M	N	Ấ	H	N	I	Ố	D
R	N	H	N	I	U	Ò	O	I	A	Y	B	O	M	N	A
D	Ứ	Y	Ệ	Y	T	C	A	K	Q	B	O	H	Ớ	G	N
L	H	C	V	S	U	P	A	N	Ỹ	P	U	P	I	Q	H
N	U	Y	L	N	Ĩ	M	Y	I	H	T	G	P	V	P	H
B	À	I	H	Á	T	T	H	R	I	Ạ	H	M	T	N	T
Y	Ê	U	T	H	Í	C	H	T	C	Y	C	U	R	C	T
N	H	À	S	O	Ạ	N	N	H	Ạ	C	U	Y	Ậ	Ũ	Y
K	R	U	H	T	G	T	À	I	N	Ă	N	G	C	T	H

NGHỆ SĨ
ALBUM
TRỐNG
BÀI HÁT
THÀNH PHẦN
NHÀ SOẠN NHẠC
BUỔI HÒA NHẠC
PHONG CÁCH
NHẤN MẠNH
NỔI DANH
YÊU THÍCH
THỂ LOẠI
HỨNG
ÂM NHẠC
MỚI
DÀN NHẠC
NHỊP
TÀI NĂNG
KỸ THUẬT
CŨ

98 - Barcos

À	T	R	L	O	I	L	P	O	S	H	H	B	T	A	A
T	H	Ủ	Y	T	R	I	Ề	U	Ó	D	C	M	A	I	A
H	Ồ	P	A	N	À	O	Đ	H	N	À	H	I	H	P	C
D	Q	M	O	H	A	L	P	N	G	N	Ô	S	R	K	Q
Đ	T	L	K	D	G	B	V	D	N	Ề	H	L	N	V	K
M	Ạ	K	C	U	M	Y	L	H	Ừ	Y	Q	G	H	A	L
Ồ	L	I	O	B	R	V	H	I	H	U	T	P	M	L	P
U	L	O	D	K	O	O	P	H	T	H	D	L	U	R	P
B	I	Ể	N	Ư	U	K	I	D	Y	T	G	H	N	R	G
T	Y	M	H	O	Ơ	U	M	H	Â	U	B	Ả	V	K	T
Ộ	M	G	A	L	C	N	Y	B	D	D	G	I	N	R	H
C	U	Y	T	N	G	C	G	È	N	X	O	L	E	C	Ủ
P	P	T	V	L	N	Y	B	Y	I	Q	U	Ý	O	M	Y
O	I	U	D	A	Ộ	M	T	T	G	T	H	Ồ	P	V	T
P	H	A	O	G	Đ	R	B	K	A	Y	A	K	N	G	H
C	O	L	T	Q	D	L	I	Y	T	Q	V	L	C	G	Ủ

NEO
PHÀ
PHAO
KAYAK
XUỒNG
DÂY THỪNG
DOCK
DU THUYỀN
BÈ
HỒ
BIỂN
THỦY TRIỀU
THỦY THỦ
CỘT BUỒM
ĐỘNG CƠ
HẢI LÝ
ĐẠI DƯƠNG
SÓNG
SÔNG
PHI HÀNH ĐOÀN

99 - Mamíferos

C	Á	O	E	H	Á	C	M	Y	V	K	B	Ò	Đ	Ự	C
T	A	Y	O	Q	H	Á	C	D	M	A	C	T	D	Y	T
M	U	D	L	G	I	V	M	N	C	N	O	N	K	K	H
Ổ	Ừ	V	Ỉ	H	K	O	U	I	U	G	Y	G	D	A	Ỏ
C	C	A	T	R	Ả	I	A	N	K	A	O	Ự	K	M	D
O	Q	O	O	U	Q	I	H	R	C	R	T	A	D	L	I
A	Ự	G	N	I	D	Q	L	K	H	O	E	V	D	A	T
C	L	O	V	V	S	N	M	Y	Ó	O	V	Ằ	R	C	I
U	Y	G	D	Y	O	Ư	D	P	À	G	M	N	I	I	C
Ơ	L	M	K	T	A	I	T	Ộ	Đ	Ỉ	H	K	P	H	T
Ư	H	P	C	R	C	U	B	Ử	C	U	R	Y	T	I	R
H	L	C	U	O	H	N	H	B	Ạ	B	V	U	V	O	M
K	K	C	V	K	Ó	M	K	V	L	C	O	N	M	È	O
C	G	U	L	A	S	N	N	N	I	C	G	H	H	L	M
D	R	Q	A	T	Ó	C	U	I	G	G	O	O	G	G	A
I	D	Y	D	R	I	H	Q	I	M	P	U	K	T	G	R

CÁ VOI
LẠC ĐÀ
KANGAROO
HẢI LY
NGỰA
CHÓ
THỎ
COYOTE
CON VOI
CON MÈO
HƯƠU CAO CỔ
CÁ HEO
KHỈ ĐỘT
SƯ TỬ
CHÓ SÓI
KHỈ
CỪU
CÁO
BÒ ĐỰC
NGỰA VẰN

100 - Atividades e Lazer

B	Ơ	I	L	Ộ	I	Ạ	R	T	M	Ắ	C	L	N	N	A
K	U	Q	C	B	N	Ề	Y	U	H	C	G	N	Ó	B	U
Q	V	K	A	C	T	H	U	N	K	Â	Q	L	T	D	T
B	U	G	D	V	I	N	M	Q	L	U	M	G	Ợ	D	G
Ứ	Q	Y	B	Ó	N	G	R	Ổ	U	C	R	N	V	N	U
C	R	V	Ề	C	A	N	D	L	D	Á	Đ	G	N	Ó	B
T	N	B	D	N	Ờ	Ư	V	M	À	L	T	G	Ầ	P	Y
R	H	Y	O	G	A	Y	O	D	Q	B	P	C	U	C	H
A	B	O	T	O	I	N	N	H	M	I	G	T	Q	P	I
N	V	Ó	A	L	A	Ã	H	R	D	U	L	Ị	C	H	T
H	G	Y	N	F	G	I	H	Y	C	Y	V	M	G	C	T
D	I	Y	R	G	K	G	Y	B	U	L	B	U	B	Í	D
L	A	V	A	N	C	Ư	K	I	O	G	R	A	I	H	Q
O	Ư	G	T	Ậ	U	H	T	Ệ	H	G	N	T	L	T	D
G	A	Ớ	P	D	G	T	À	L	A	G	I	Y	Ặ	Ở	B
O	C	D	T	R	B	N	I	Y	N	C	K	D	N	S	T

CẮM TRẠI
NGHỆ THUẬT
BÓNG RỔ
BÓNG CHÀY
QUYỀN ANH
BÓNG ĐÁ
GOLF
SỞ THÍCH
LÀM VƯỜN
LẶN
BƠI LỘI
CÂU CÁ
BỨC TRANH
THƯ GIÃN
LƯỚT
QUẦN VỢT
DU LỊCH
BÓNG CHUYỀN

1 - Dirigindo

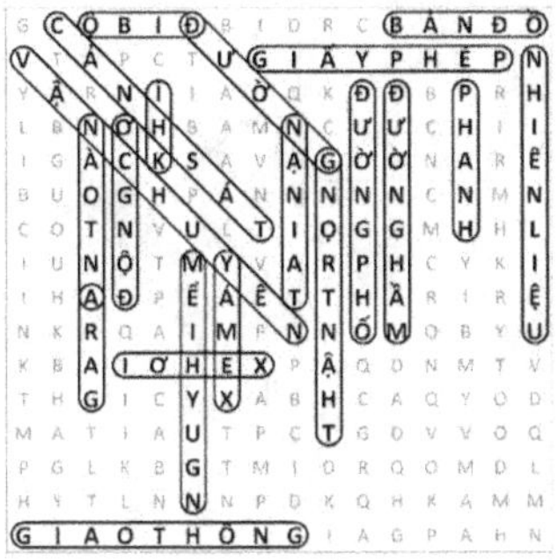

2 - Antiguidades

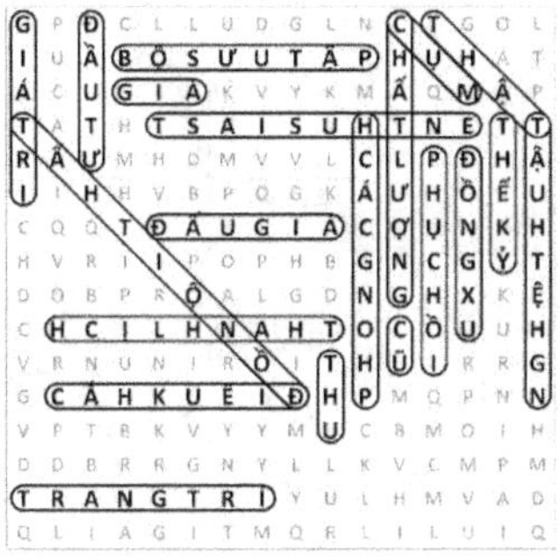

3 - Churrascos

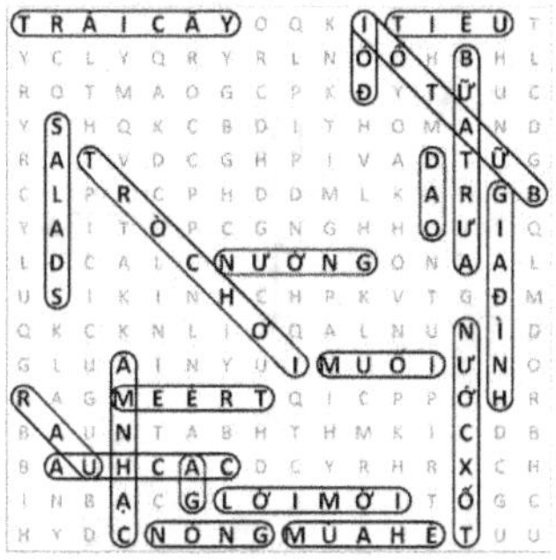

4 - Pesca

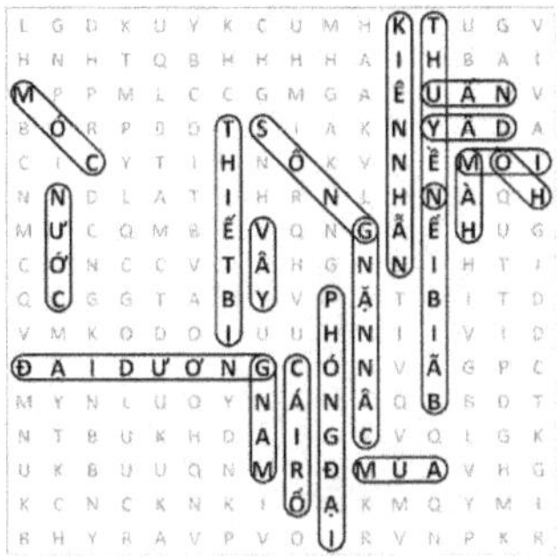

5 - Geologia

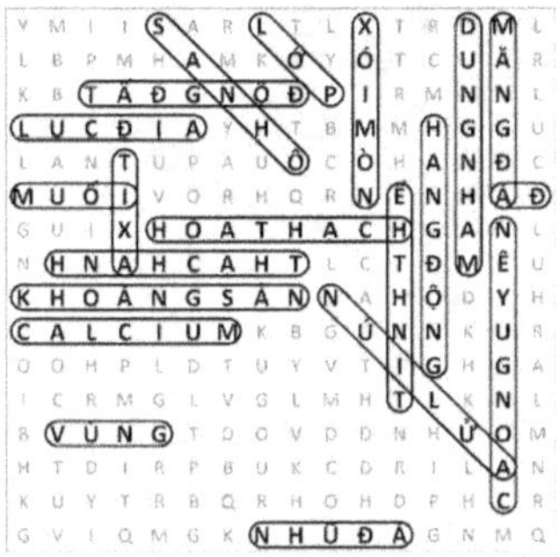

6 - Ética

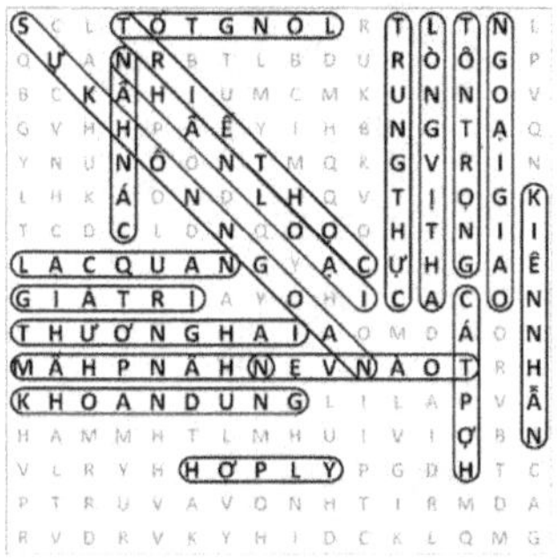

7 - Tempo

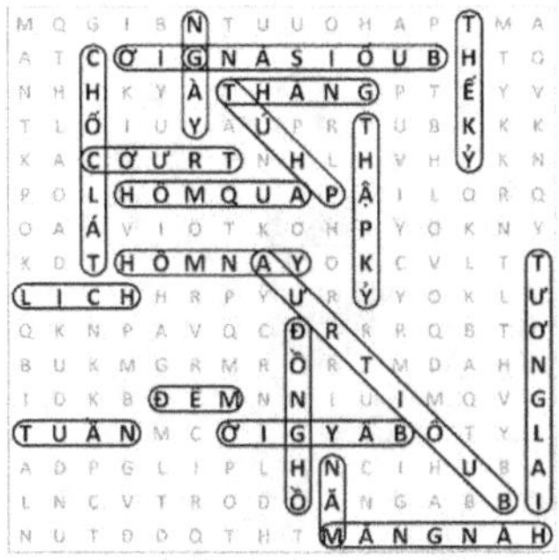

8 - Astronomia

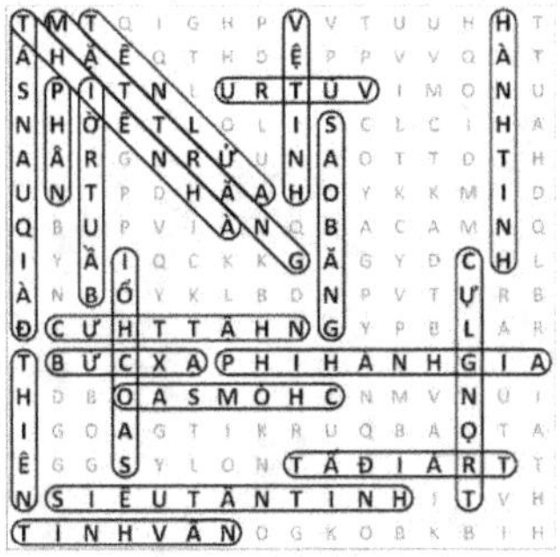

9 - Acampamento

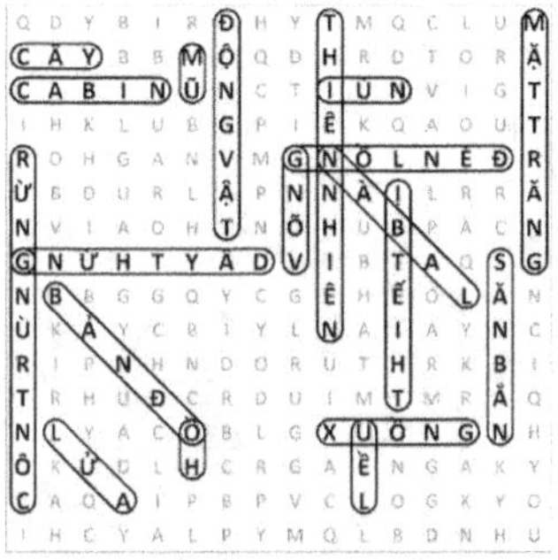

10 - Emoções

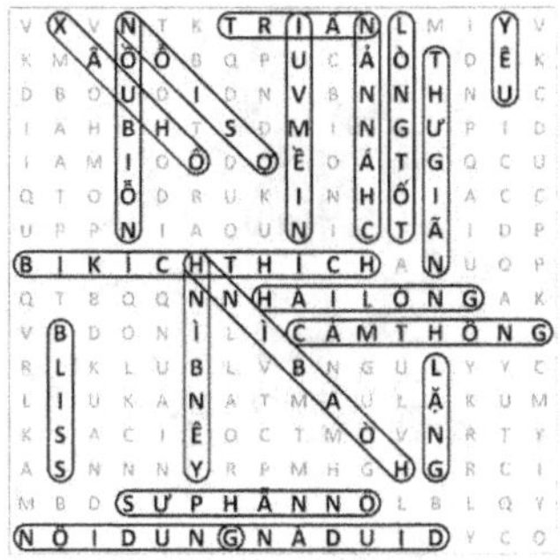

11 - Ficção Científica

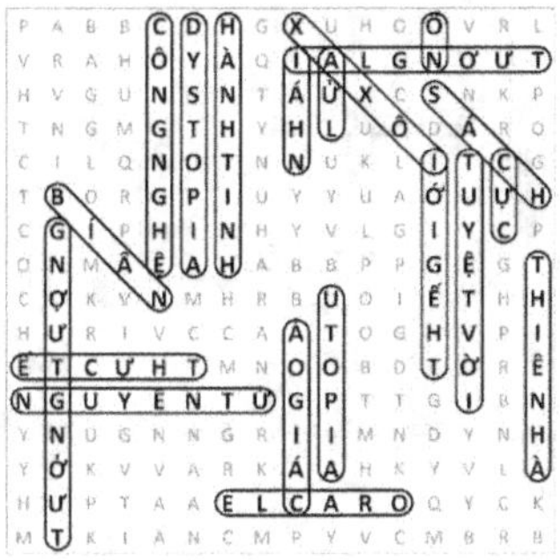

12 - Mitologia

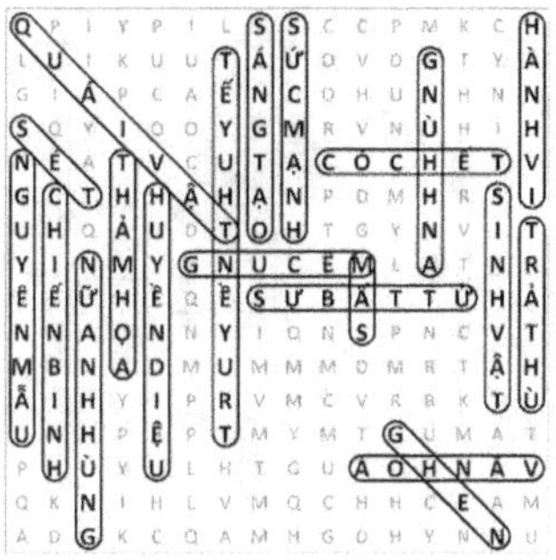

13 - Medições

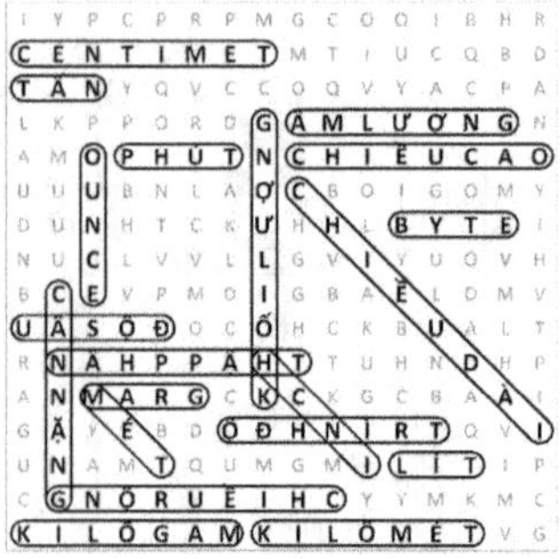

14 - Álgebra

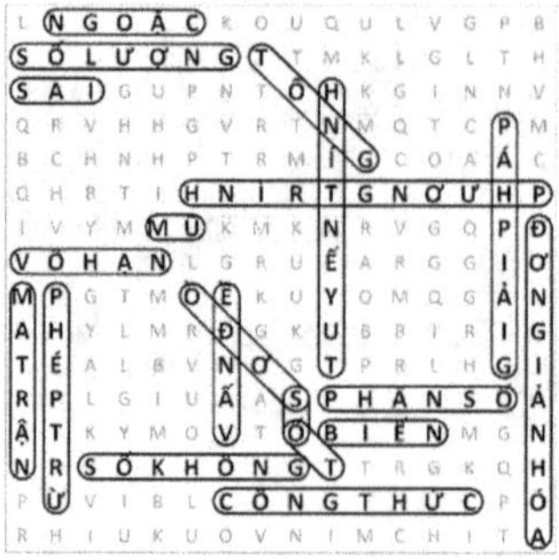

15 - Plantas

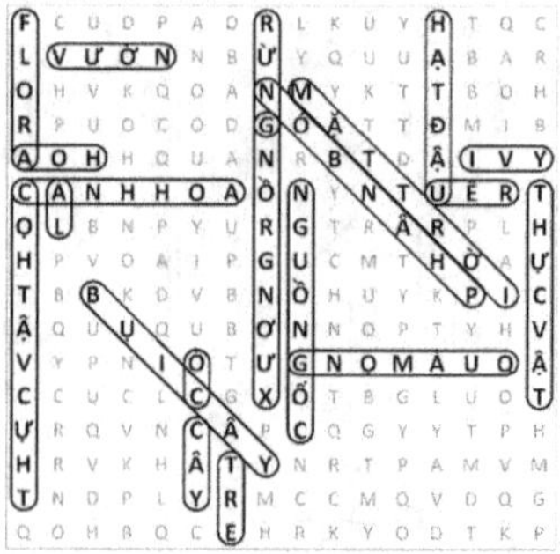

16 - Veículos

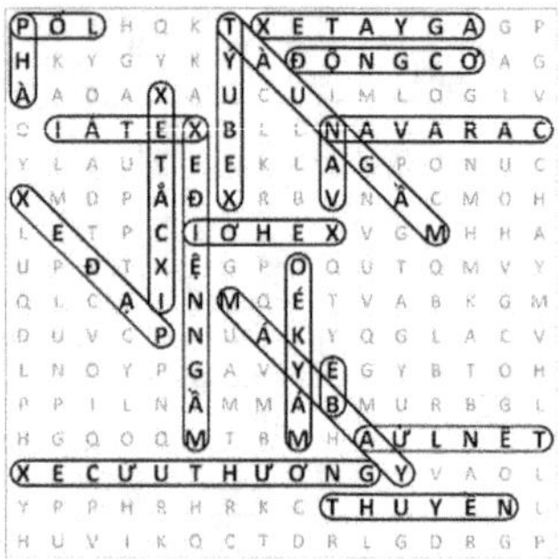

17 - Engenharia

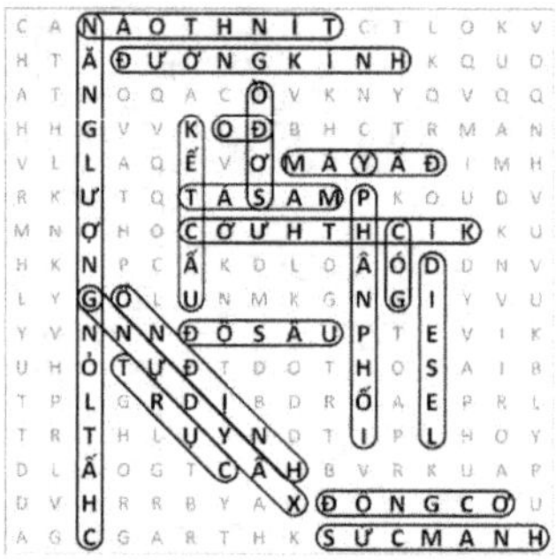

18 - Restaurante # 2

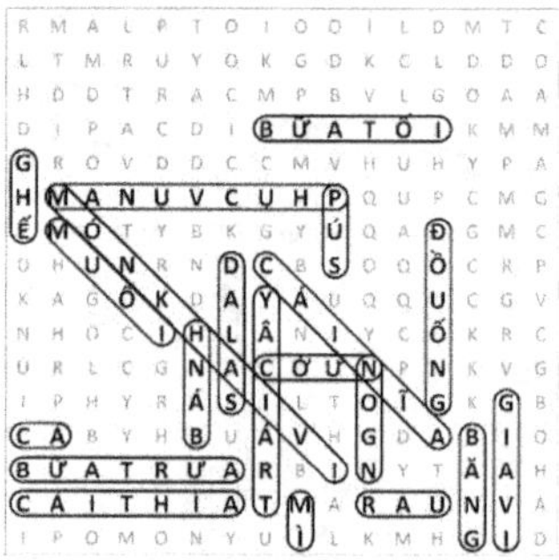

19 - Países #2

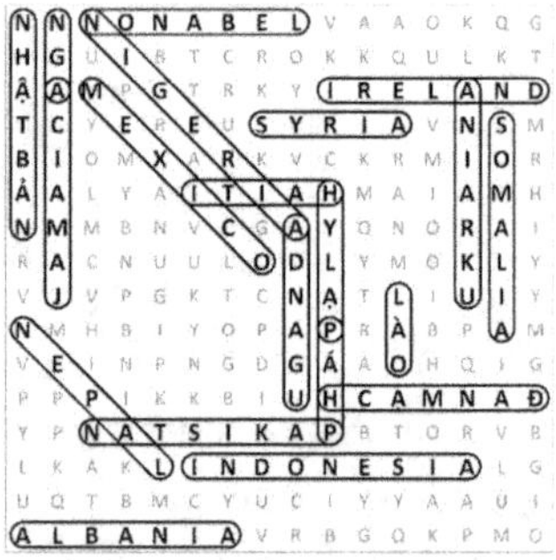

20 - Material de Arte

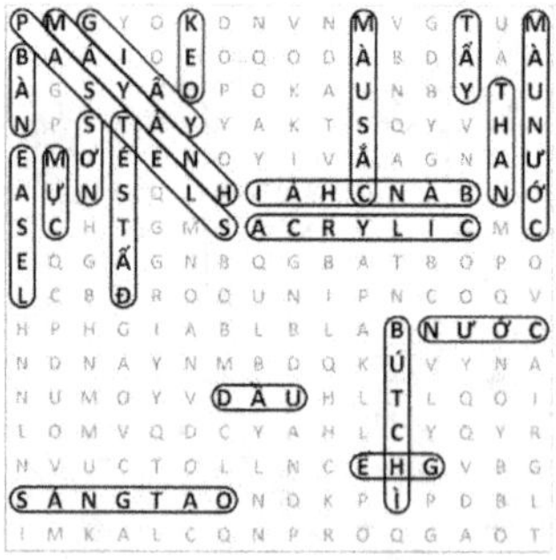

21 - Números

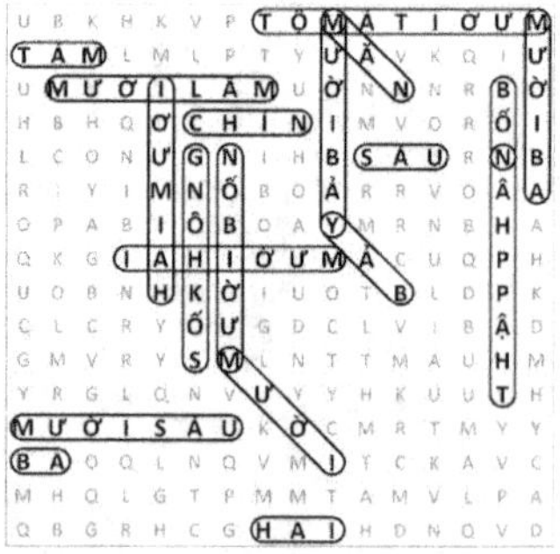

22 - Física

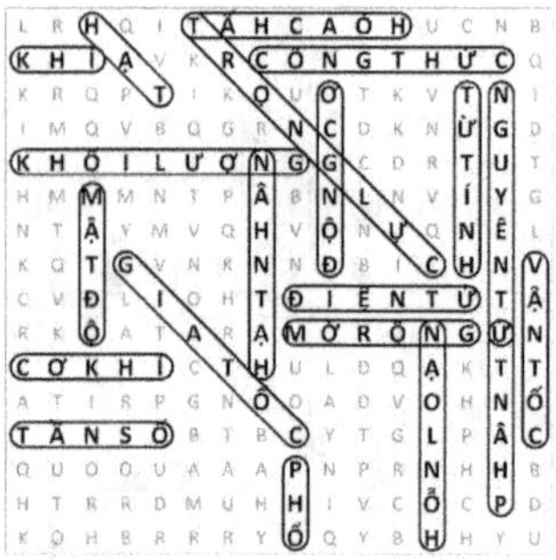

23 - Especiarias

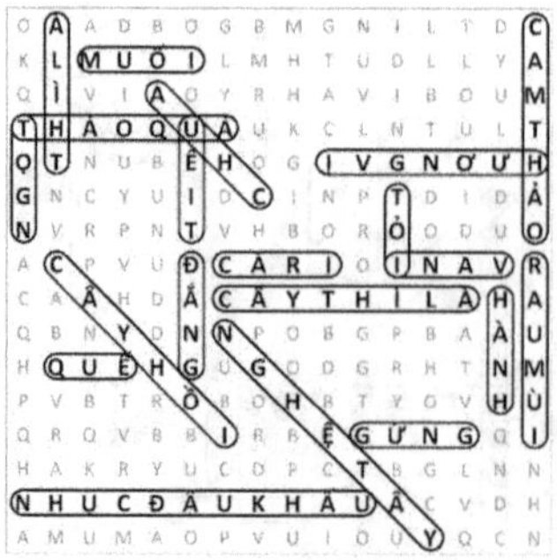

24 - Países #1

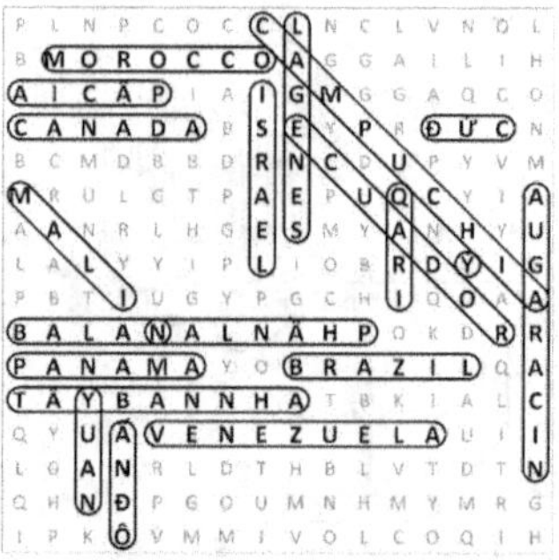

25 - A Mídia

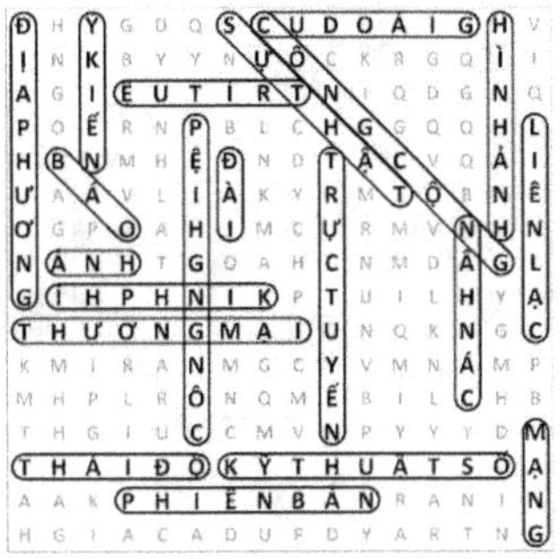

26 - Casa

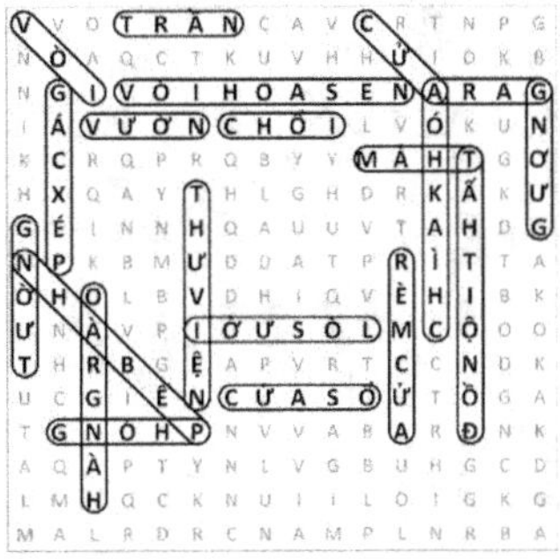

27 - Vegetais

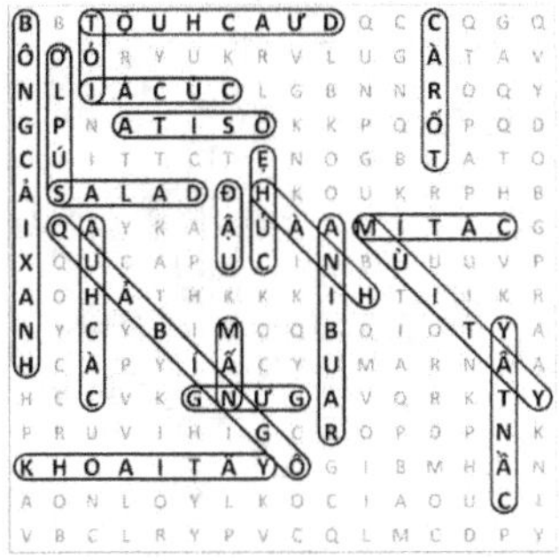

28 - Adjetivos #1

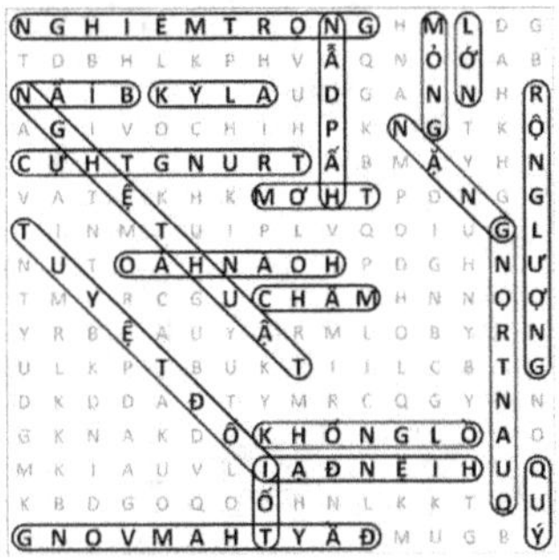

29 - Psicologia

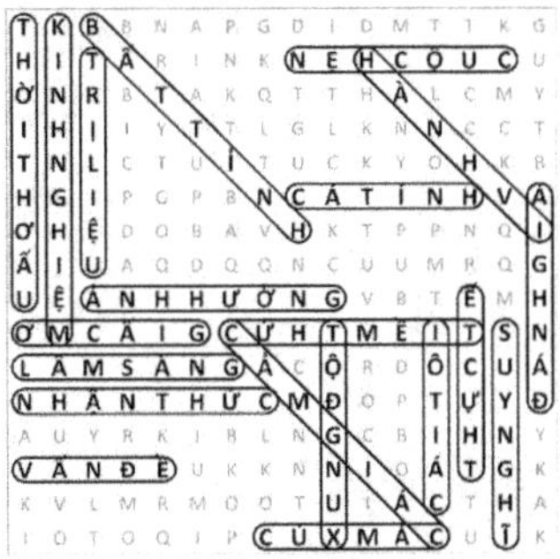

30 - Paisagens

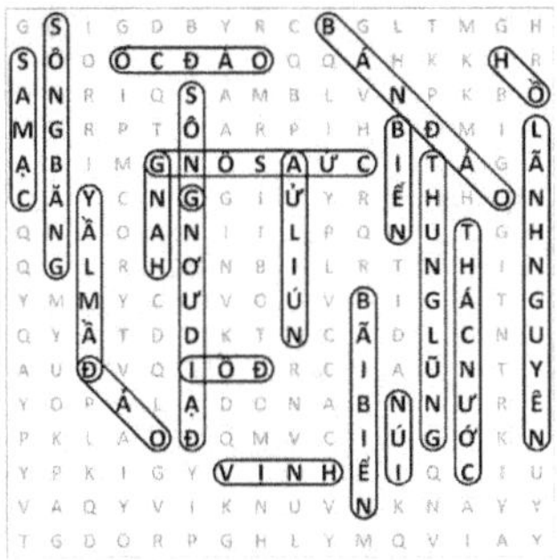

31 - Dança

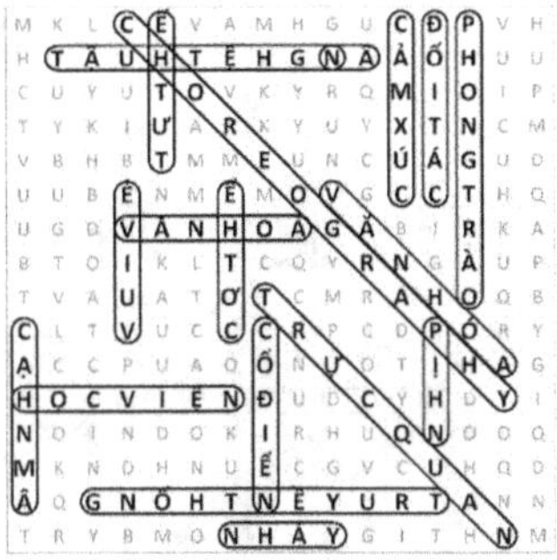

32 - Nutrição

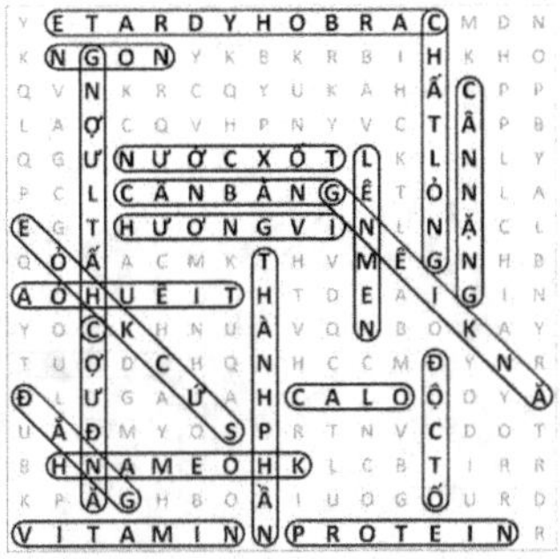

33 - Energia

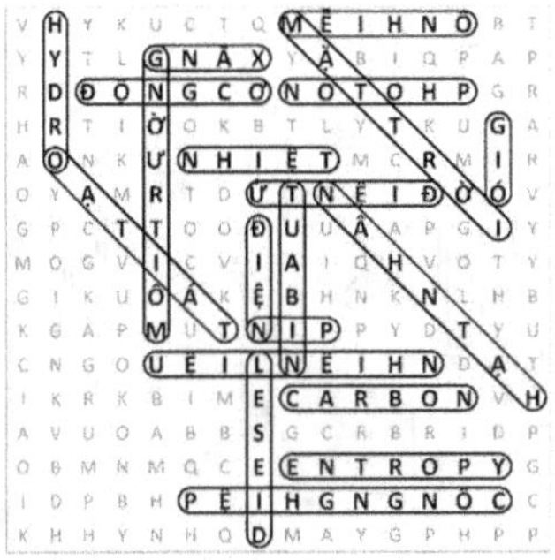

34 - Disciplinas Científicas

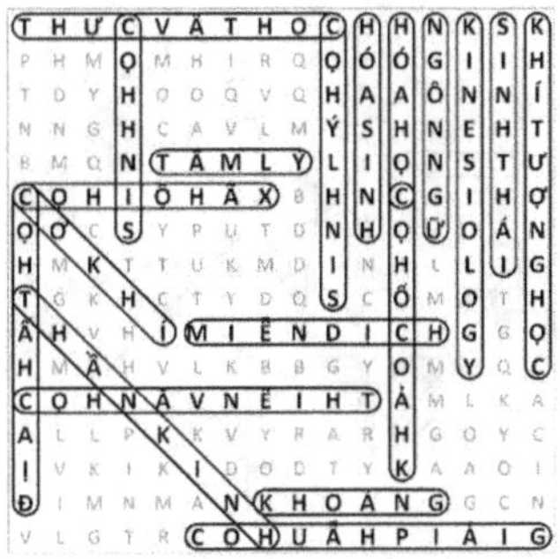

35 - Meditação

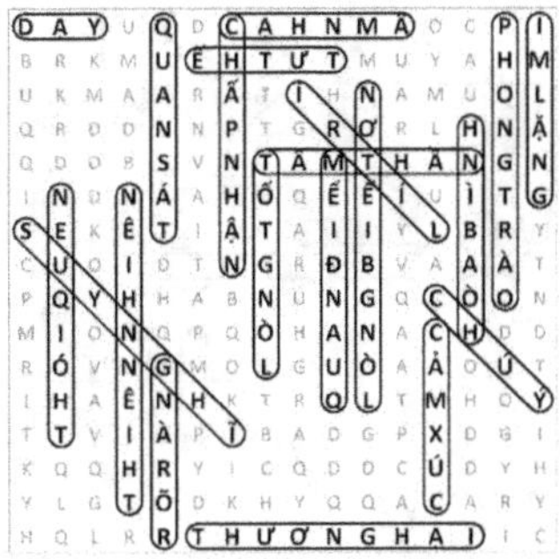

36 - Artes Visuais

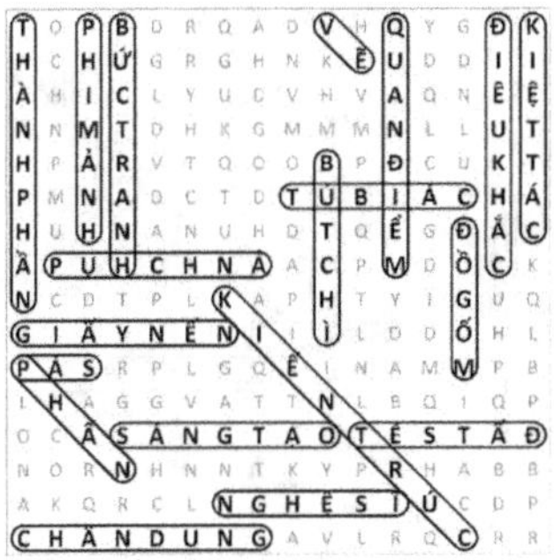

37 - Moda

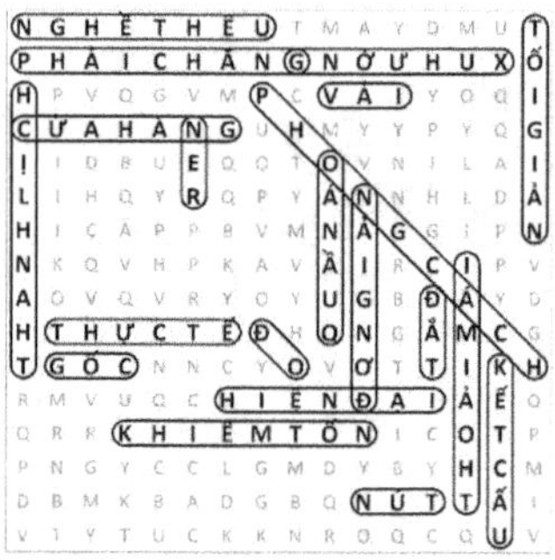

38 - Instrumentos Musicais

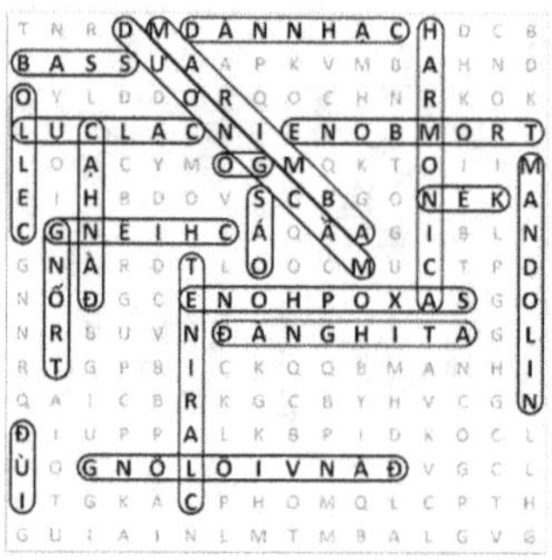

39 - Adjetivos #2

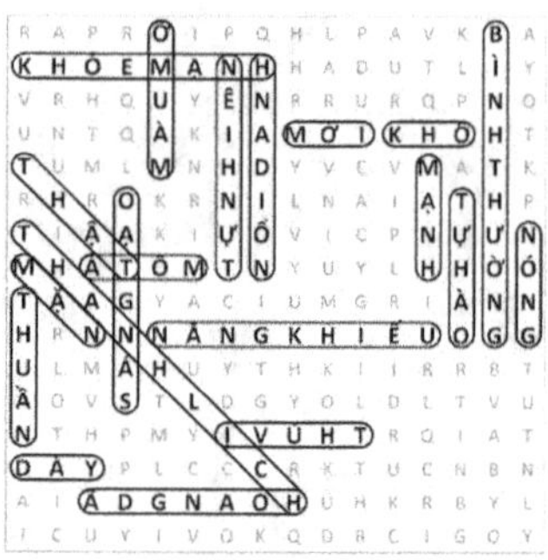

40 - Roupas

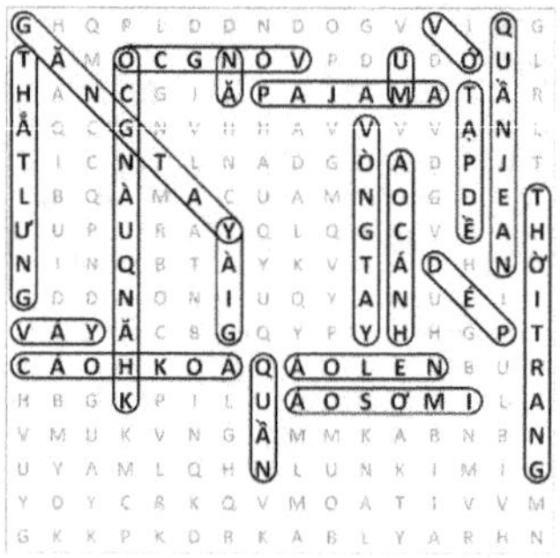

41 - Herbalismo

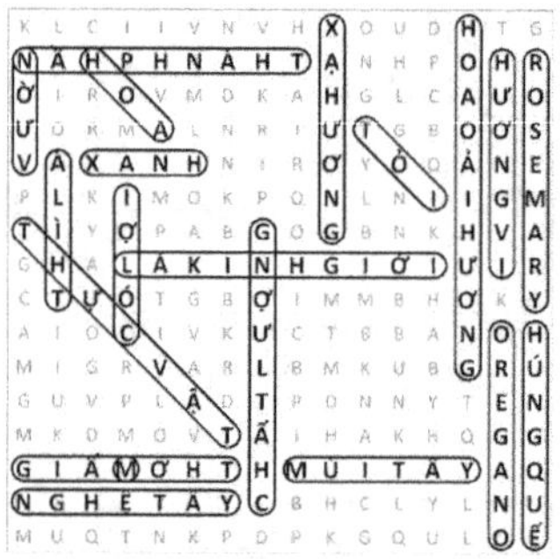

42 - Arqueologia

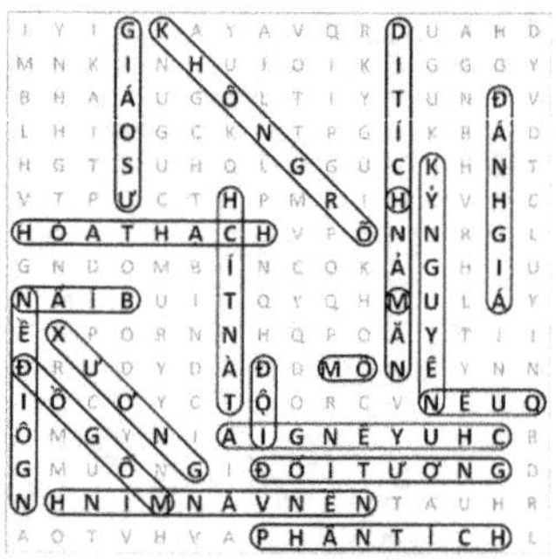

43 - Agronomia

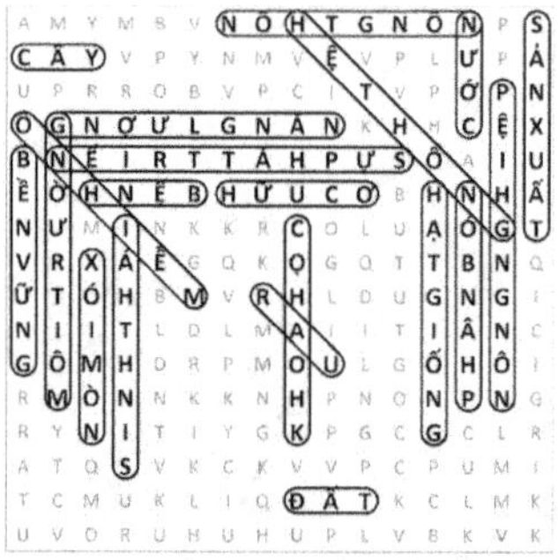

44 - Frutas

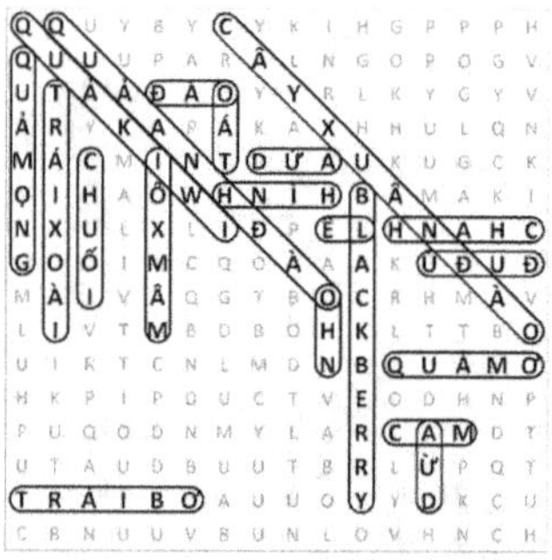

45 - Corpo Humano

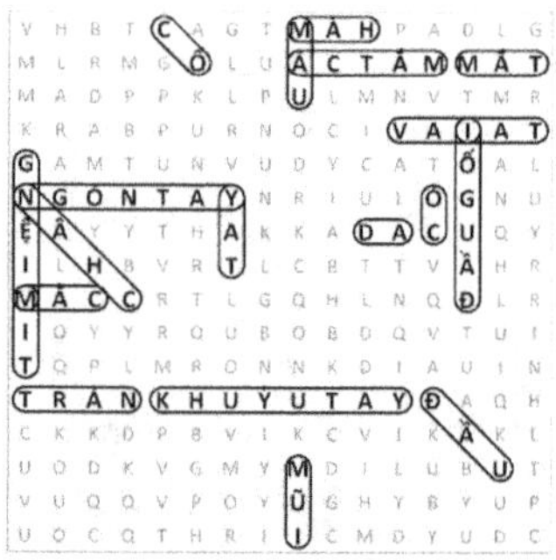

46 - Caminhada

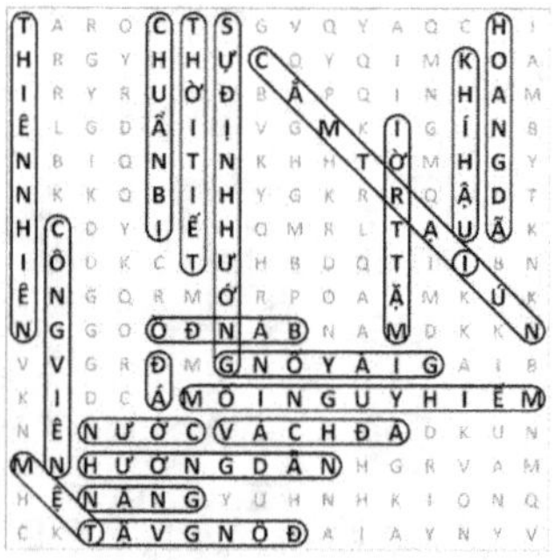

47 - Biologia

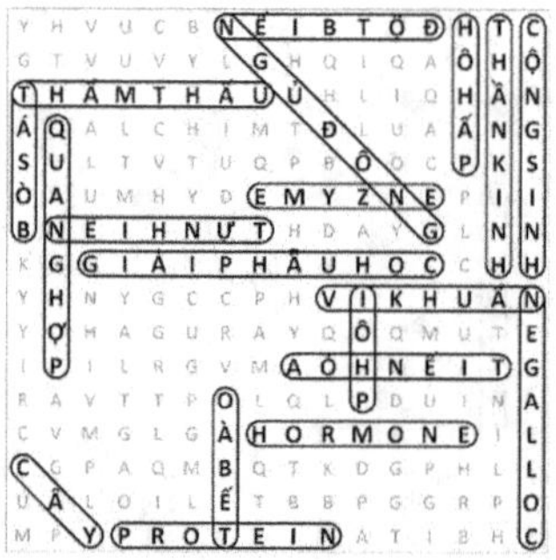

48 - Beleza

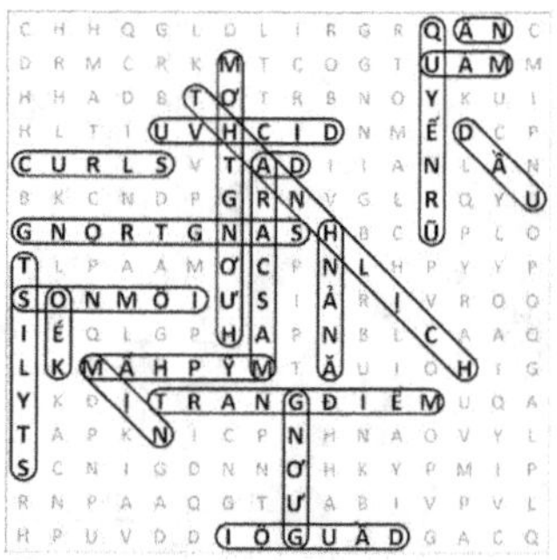

49 - Água

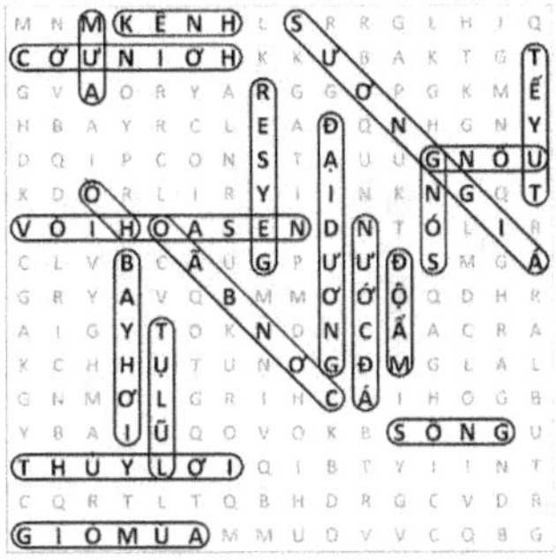

50 - Filantropia

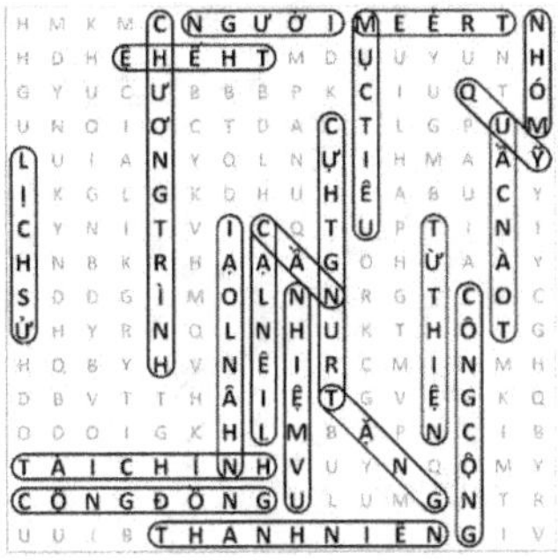

51 - Ecologia

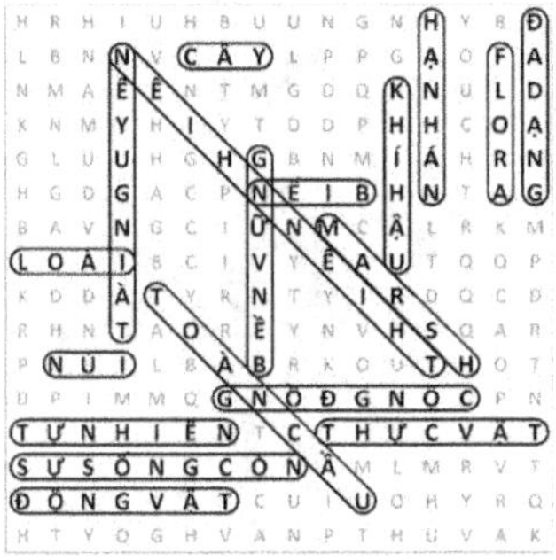

52 - Família

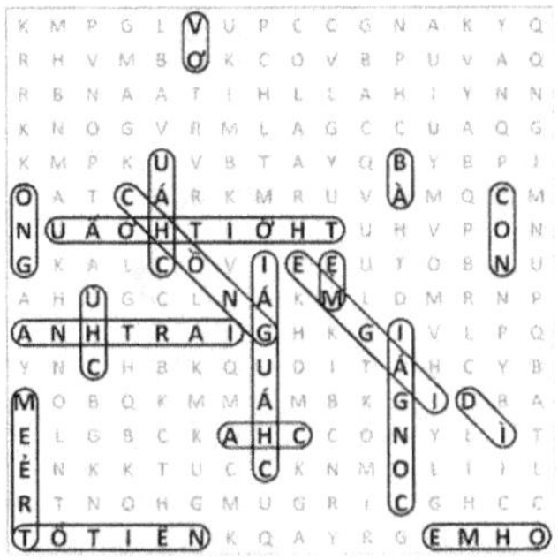

53 - Férias #2

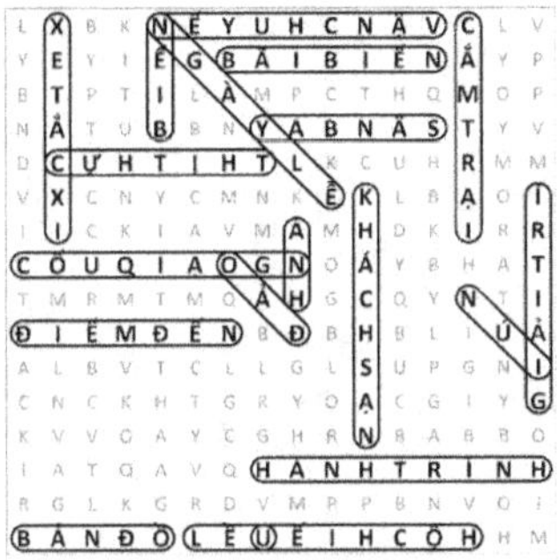

54 - Edifícios

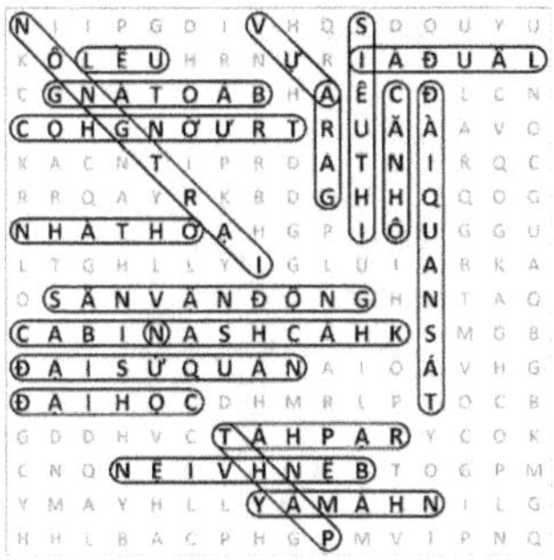

55 - Boxe

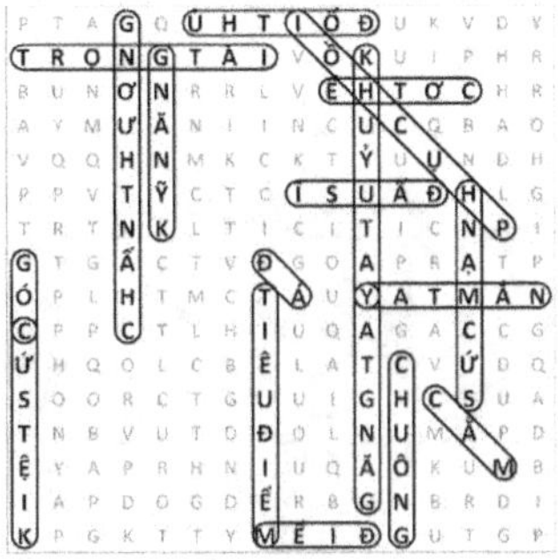

56 - Floresta Tropical

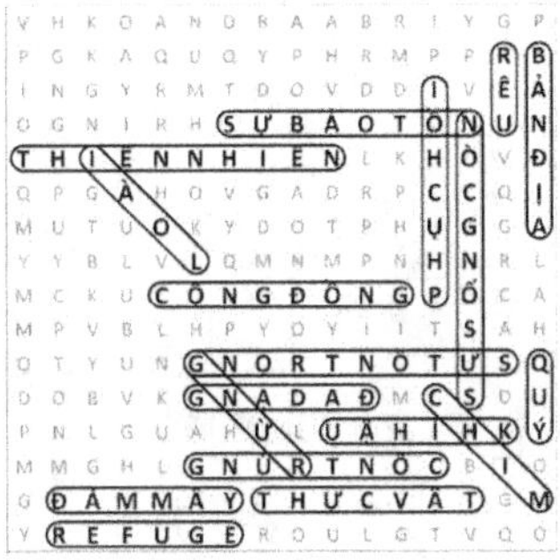

57 - Música

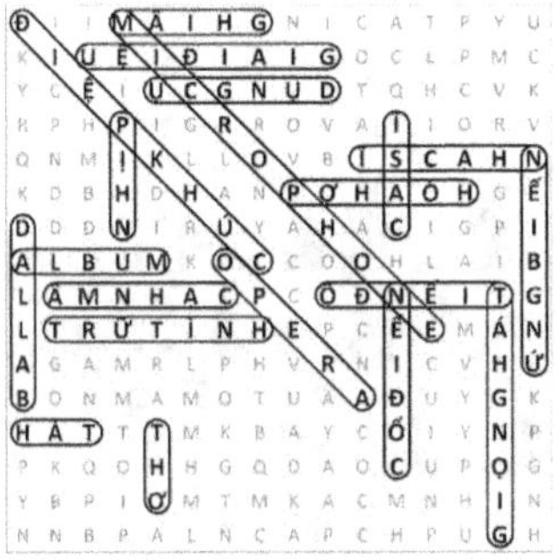

58 - Matemática

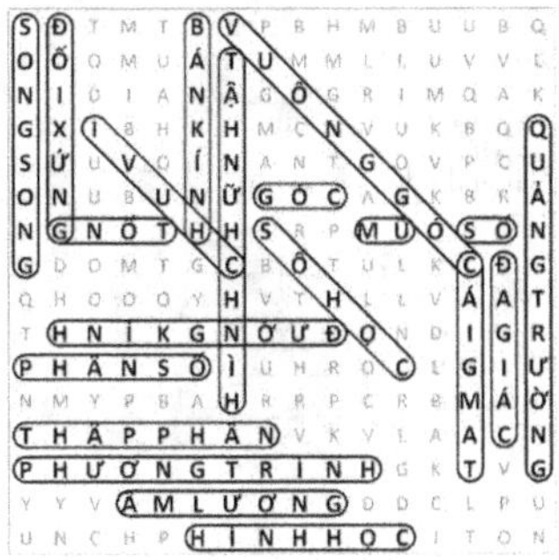

59 - Saúde e Bem Estar #1

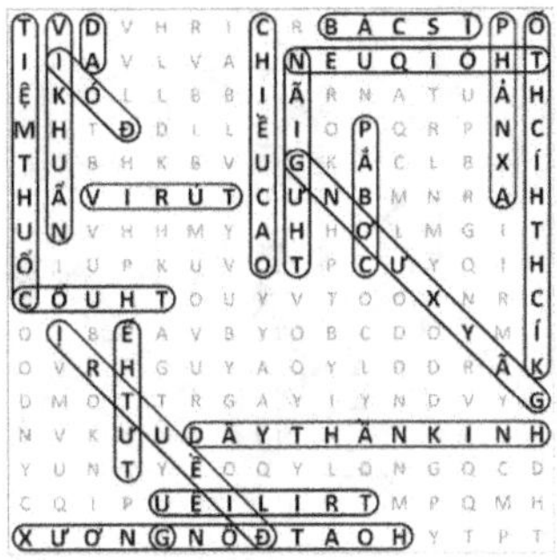

60 - Imigração

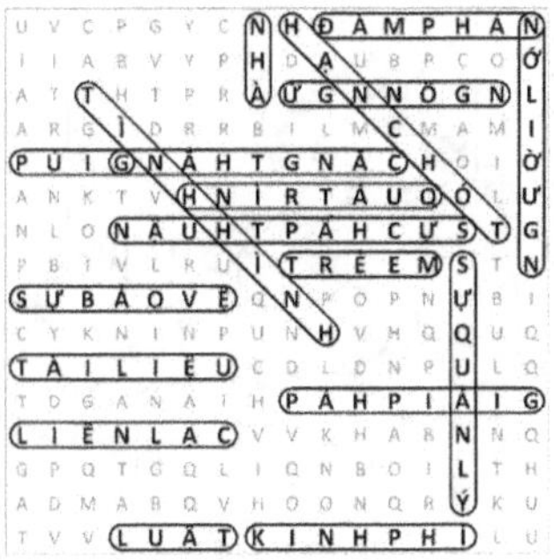

61 - Natureza

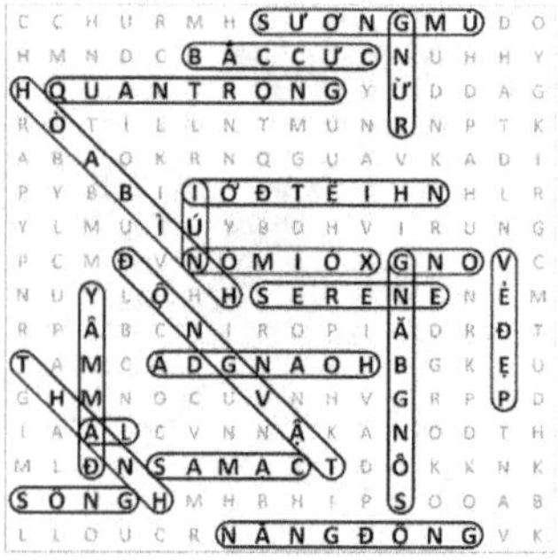

62 - A Empresa

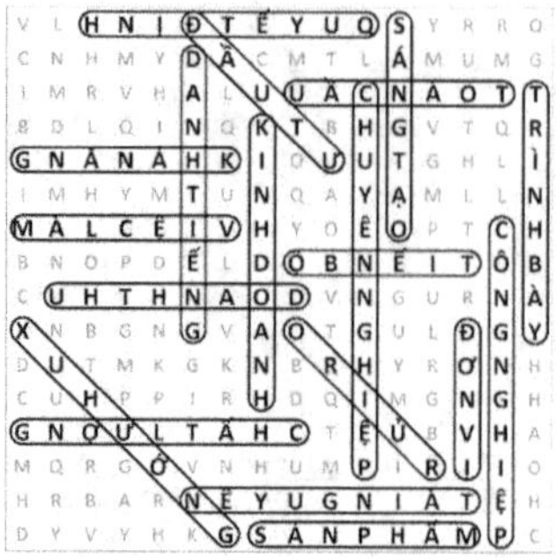

63 - Doença

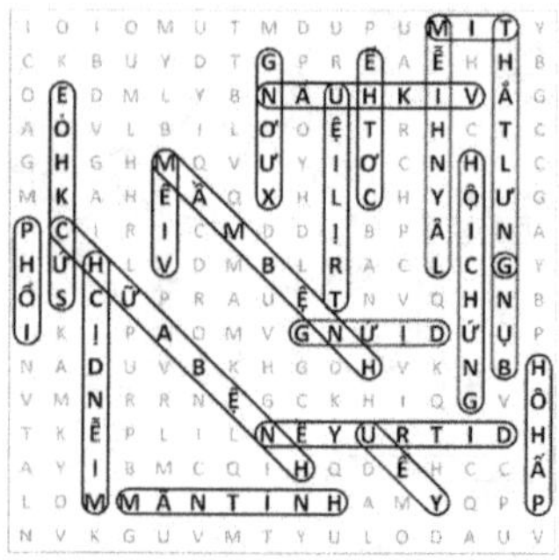

64 - Aquecimento Global

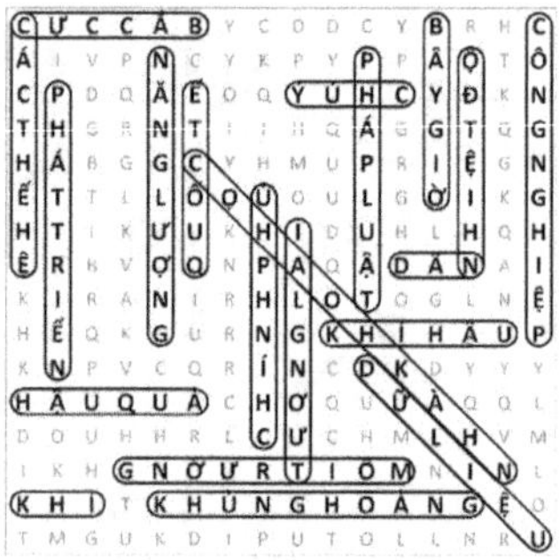

65 - Aviões

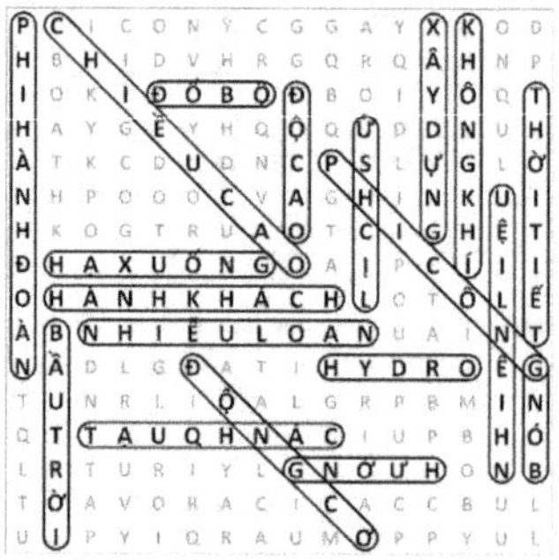

66 - Tipos de Cabelo

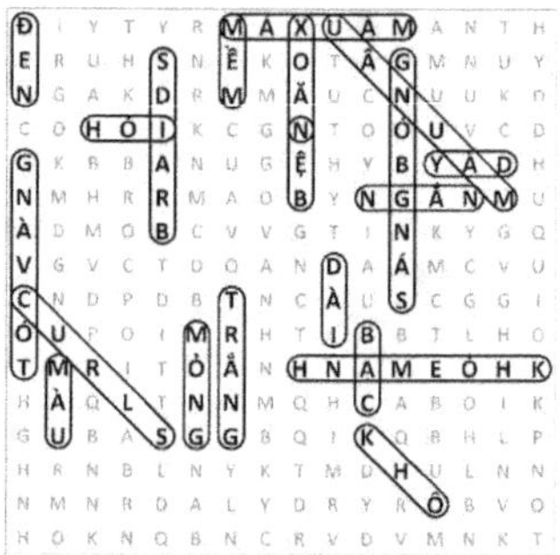

67 - Criatividade

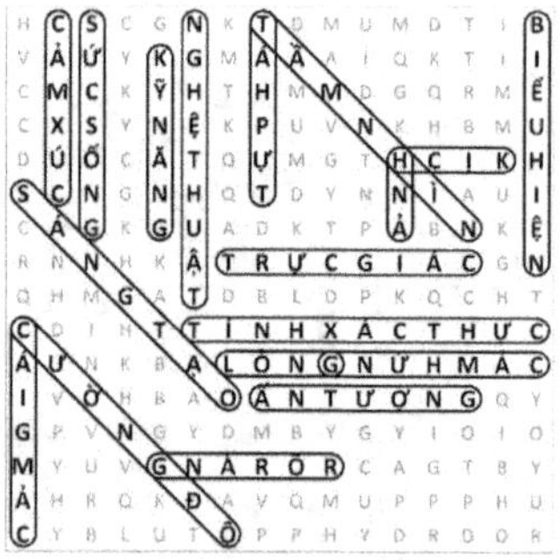

68 - Dias e Meses

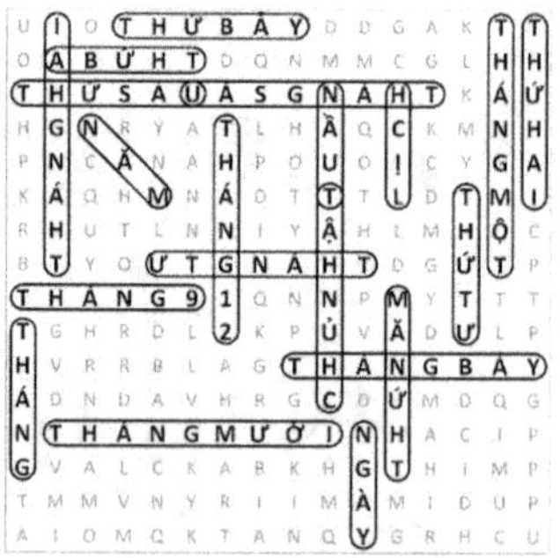

69 - Saúde e Bem Estar #2

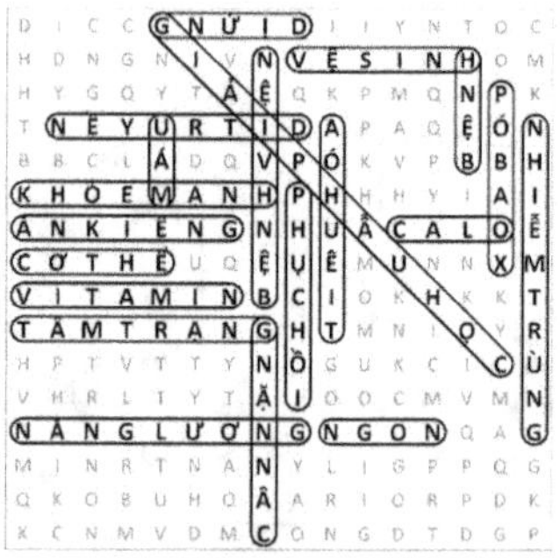

70 - Geografia

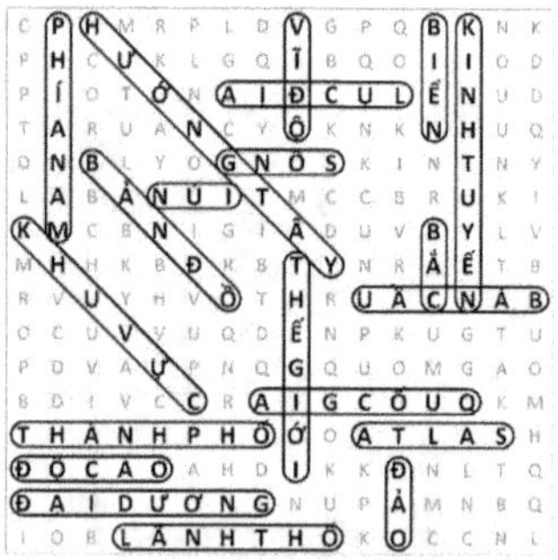

71 - Antártica

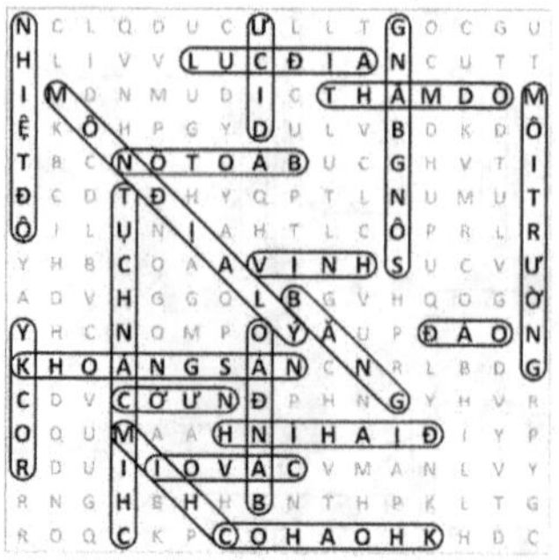

72 - Flores

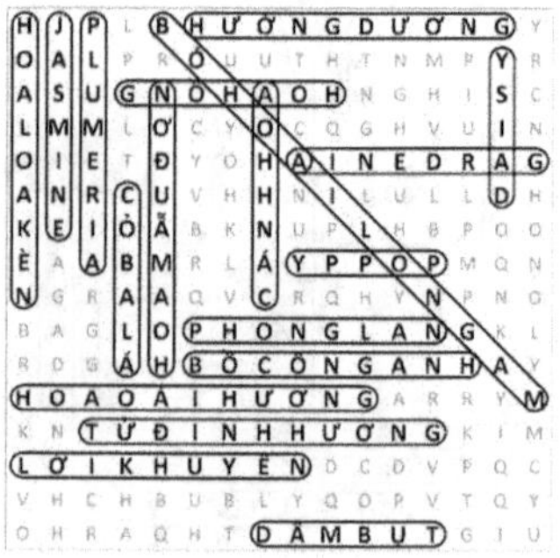

73 - Fazenda #1

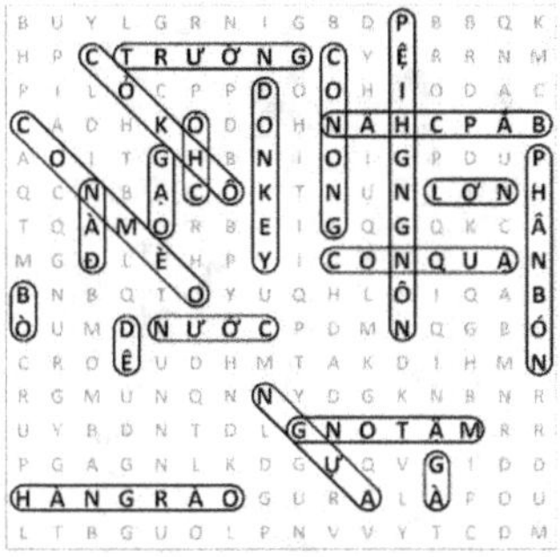

74 - Livros

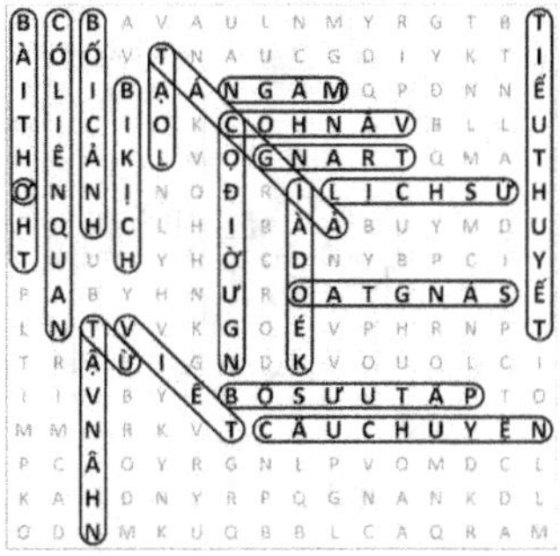

75 - Chocolate

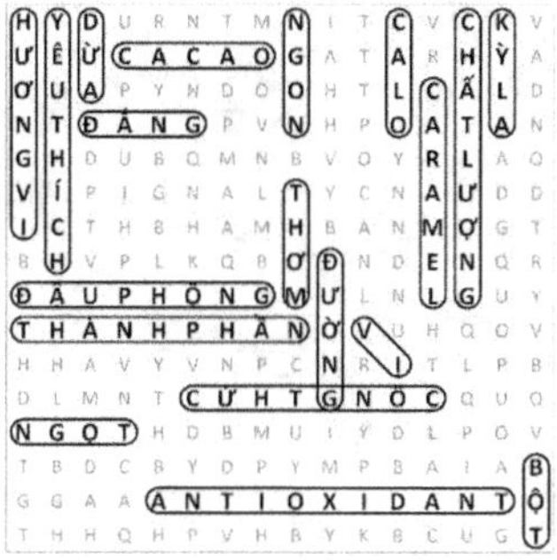

76 - Governo

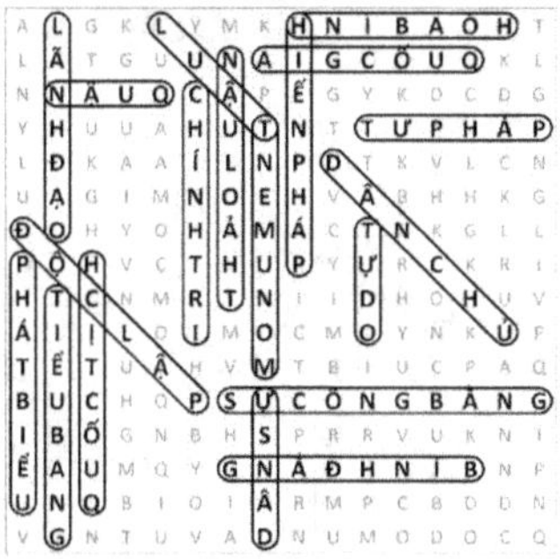

77 - Jardinagem

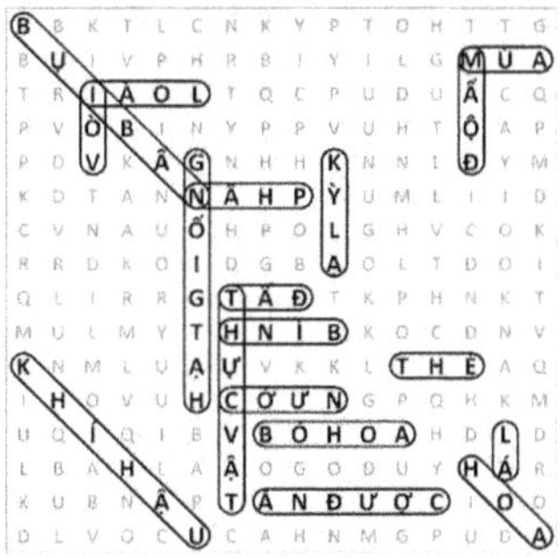

78 - Profissões #2

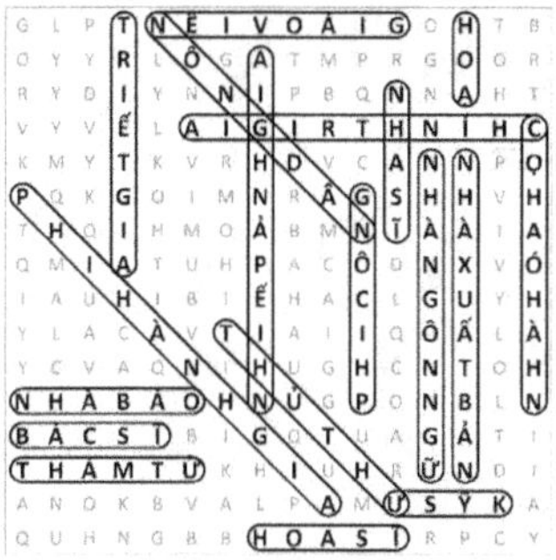

79 - Café

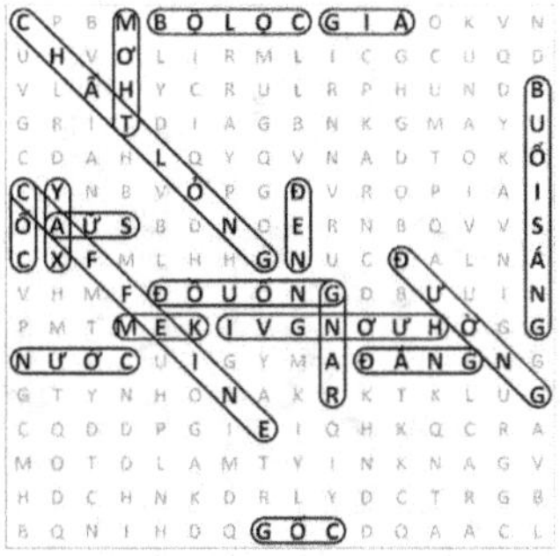

80 - Negócios

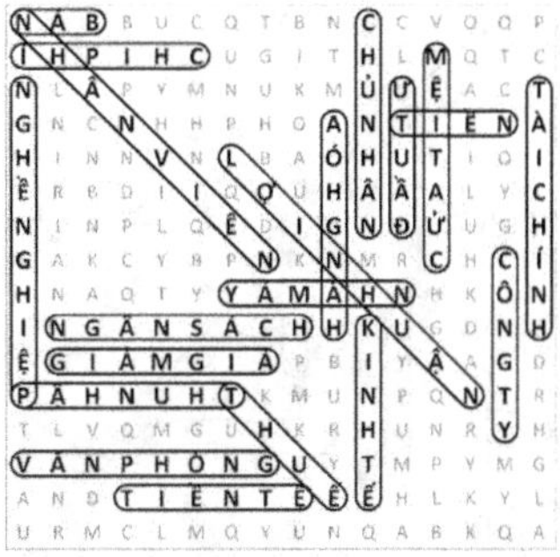

81 - Fazenda #2

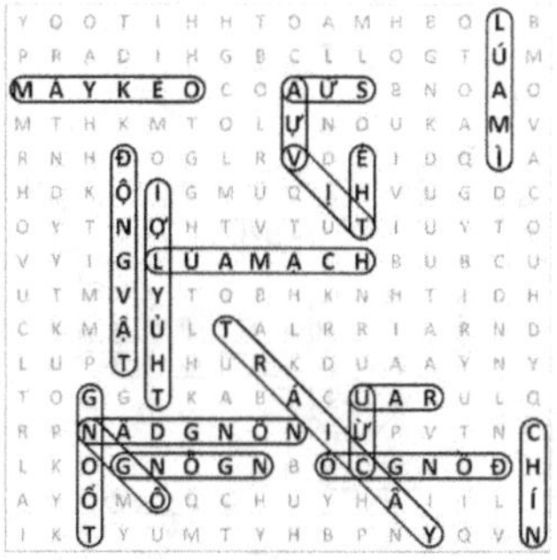

82 - Jardim

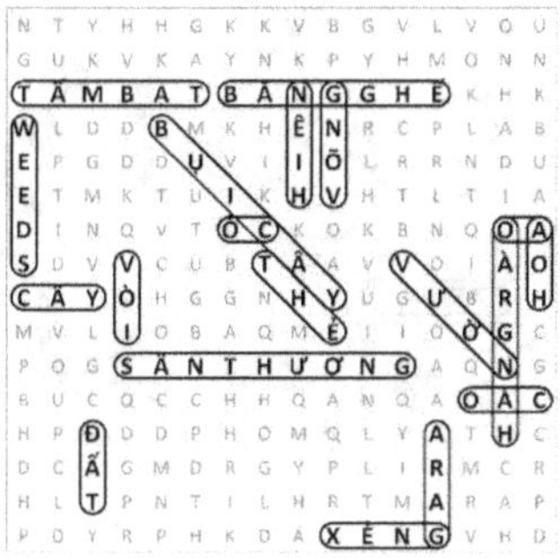

83 - Política

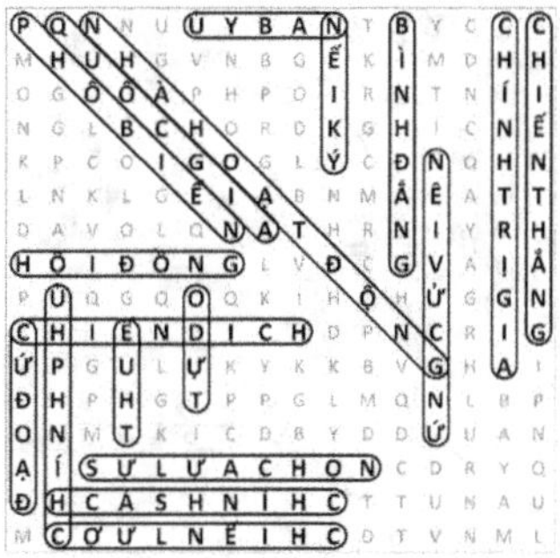

84 - Oceano

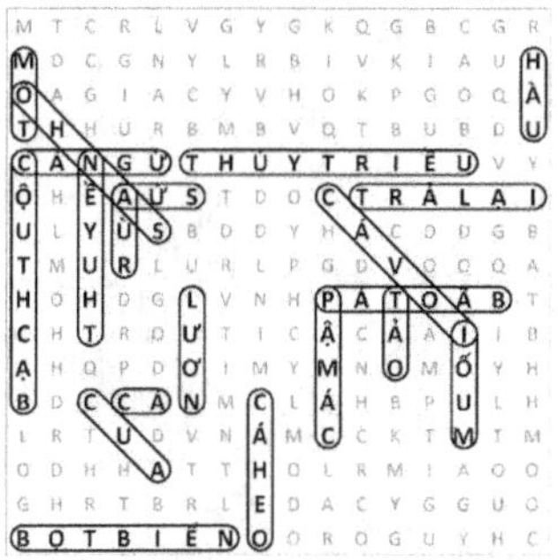

85 - Profissões #1

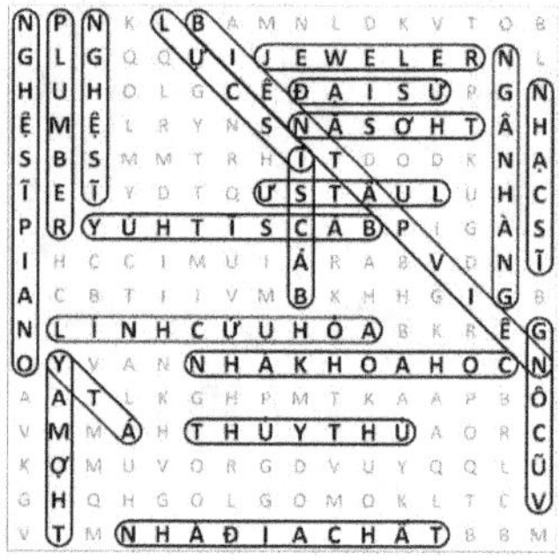

86 - Força e Gravidade

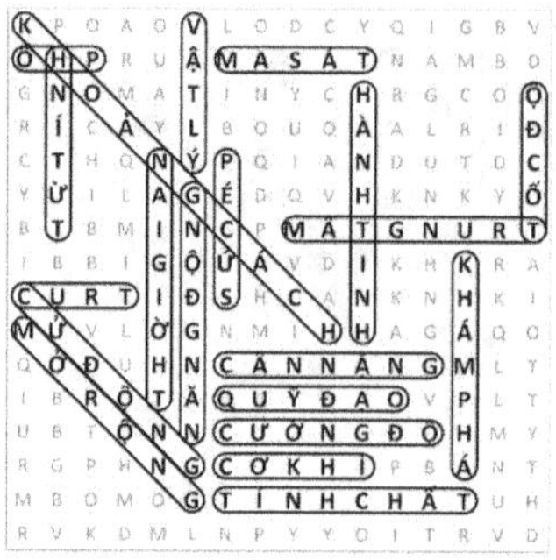

87 - Ciência

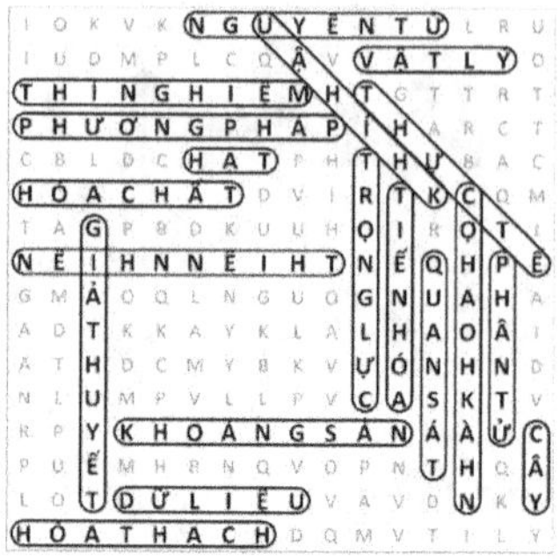

88 - Comida #1

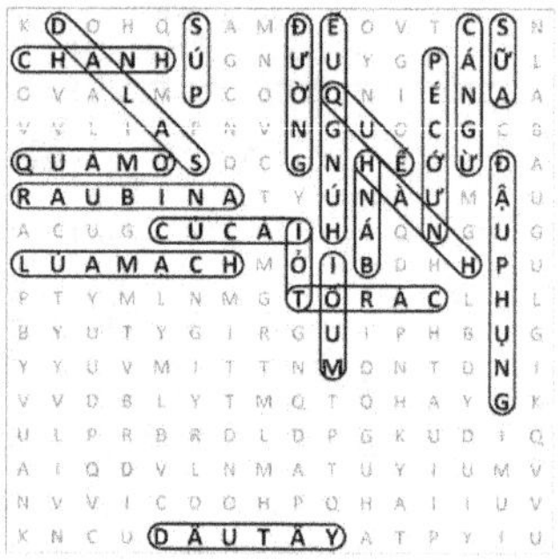

89 - Geometria

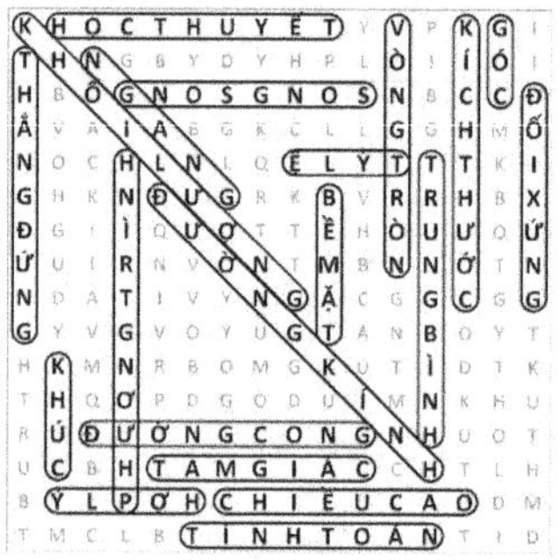

90 - Pássaros

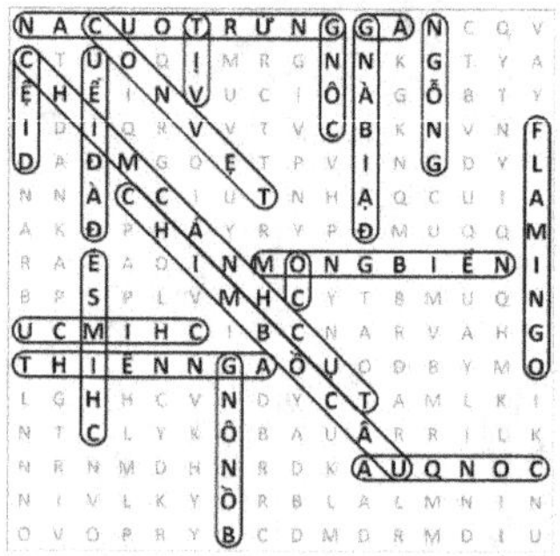

91 - Literatura

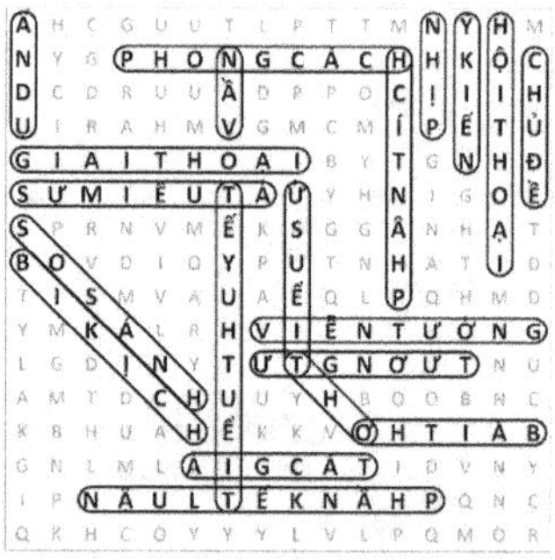

92 - Química

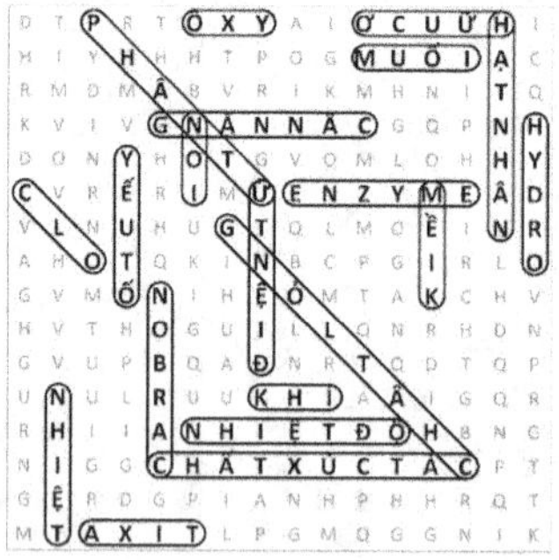

93 - Clima

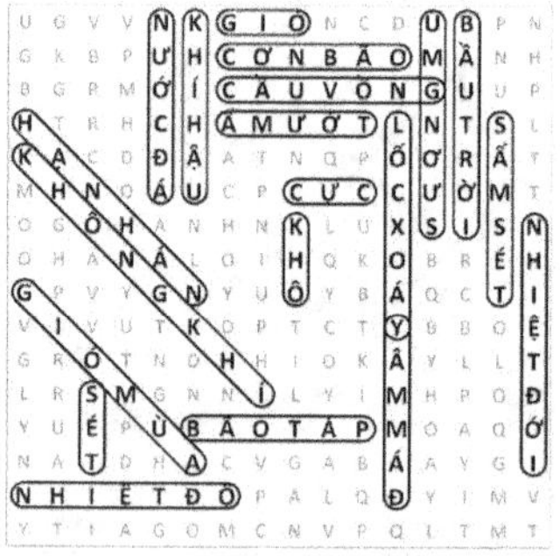

94 - Tecnologia

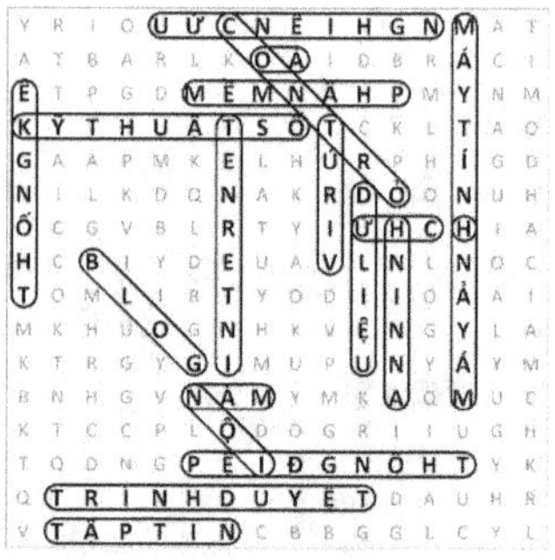

95 - Diplomacia

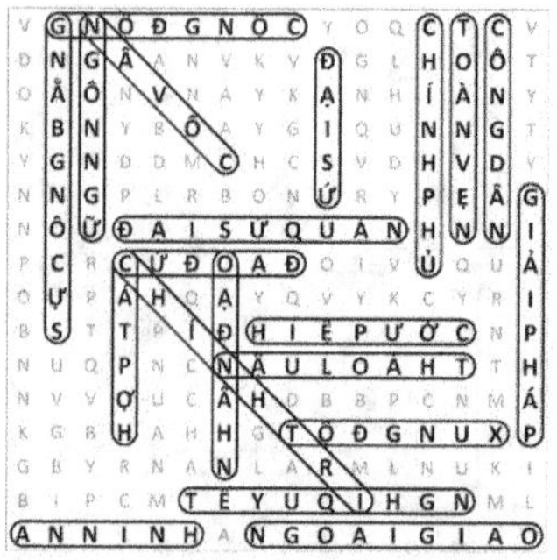

96 - Comida # 2

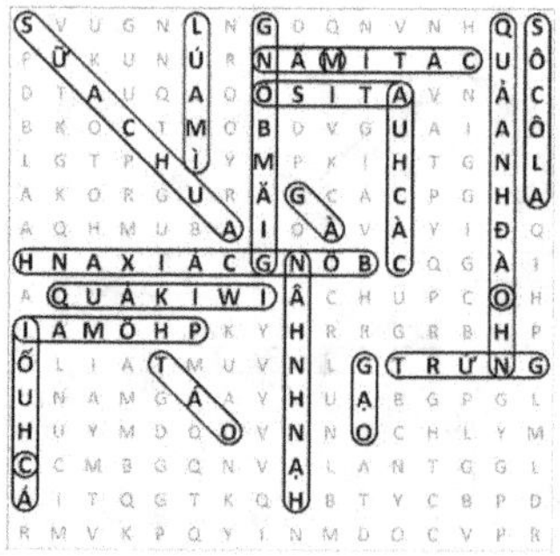

97 - Jazz

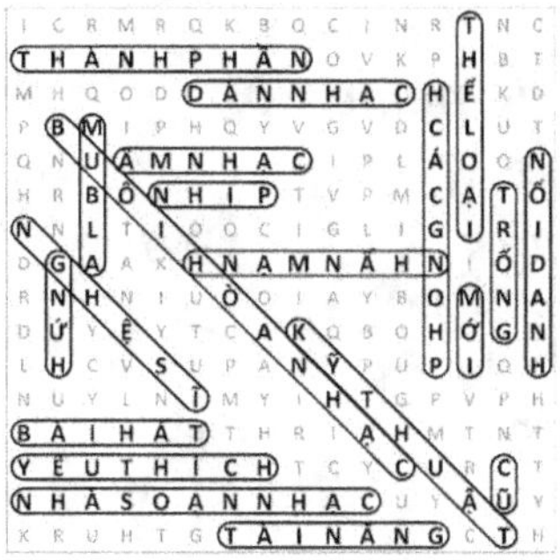

98 - Barcos

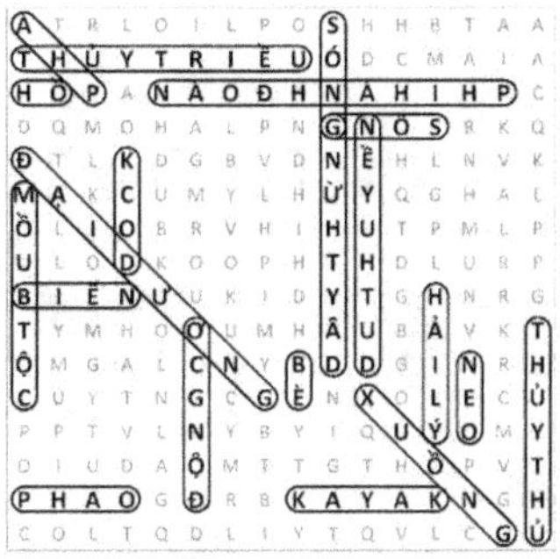

99 - Mamíferos

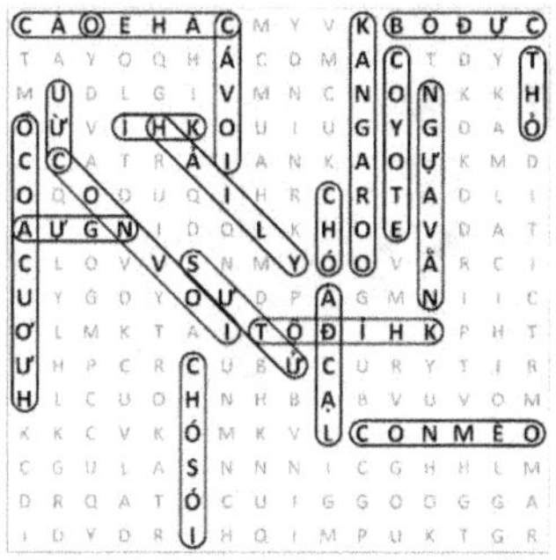

100 - Atividades e Lazer

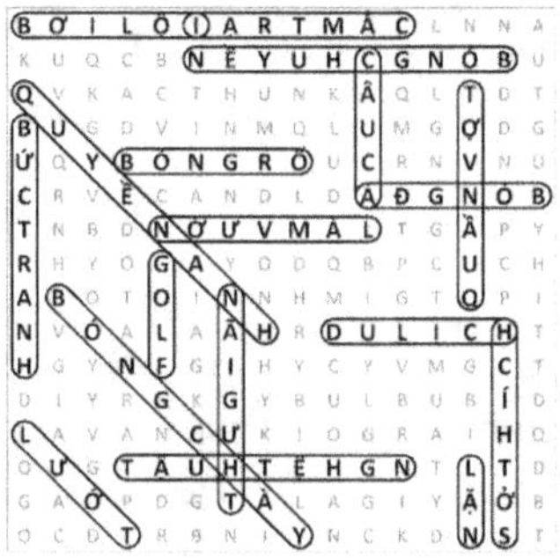

Dicionário

A Empresa
Các Công Ty

Apresentação	Trình Bày
Criativo	Sáng Tạo
Decisão	Quyết Định
Emprego	Việc Làm
Global	Toàn Cầu
Indústria	Công Nghiệp
Investimento	Đầu Tư
Negócio	Kinh Doanh
Possibilidade	Khả Năng
Produto	Sản Phẩm
Profissional	Chuyên Nghiệp
Progresso	Tiến Bộ
Qualidade	Chất Lượng
Receita	Doanh Thu
Recursos	Tài Nguyên
Reputação	Danh Tiếng
Riscos	Rủi Ro
Tendências	Xu Hướng
Unidades	Đơn Vị

A Mídia
Các Phương Tiện Truyền T

Atitudes	Thái Độ
Comercial	Thương Mại
Comunicação	Liên Lạc
Digital	Kỹ Thuật Số
Edição	Phiên Bản
Educação	Giáo Dục
Fatos	Sự Thật
Financiamento	Kinh Phí
Fotos	Ảnh
Imagens	Hình Ảnh
Individual	Cá Nhân
Indústria	Công Nghiệp
Intelectual	Trí Tuệ
Jornais	Báo
Local	Địa Phương
Online	Trực Tuyến
Opinião	Ý Kiến
Público	Công Cộng
Rádio	Đài
Rede	Mạng

Acampamento
Cắm Trại

Animais	Động Vật
Árvores	Cây
Bússola	La Bàn
Cabine	Cabin
Caça	Săn Bắn
Canoa	Xuồng
Chapéu	Mũ
Corda	Dây Thừng
Equipamento	Thiết Bị
Floresta	Rừng
Fogo	Lửa
Inseto	Côn Trùng
Lago	Hồ
Lanterna	Đèn Lồng
Lua	Mặt Trăng
Maca	Võng
Mapa	Bản Đồ
Montanha	Núi
Natureza	Thiên Nhiên
Tenda	Lều

Adjetivos #1
Tính từ số 1

Absoluto	Tuyệt Đối
Ambicioso	Đầy Tham Vọng
Aromático	Thơm
Artístico	Nghệ Thuật
Atraente	Hấp Dẫn
Enorme	Khổng Lồ
Escuro	Tối
Exótico	Kỳ Lạ
Fino	Mỏng
Generoso	Rộng Lượng
Grande	Lớn
Honesto	Trung Thực
Importante	Quan Trọng
Lento	Chậm
Misterioso	Bí Ẩn
Moderno	Hiện Đại
Perfeito	Hoàn Hảo
Pesado	Nặng
Sério	Nghiêm Trọng
Valioso	Quý

Adjetivos #2
Tính từ số 2

Autêntico	Thật
Criativo	Sáng Tạo
Descritivo	Mô Tả
Dotado	Năng Khiếu
Elegante	Thanh Lịch
Famoso	Nổi Danh
Forte	Mạnh
Grosso	Dày
Interessante	Thú Vị
Natural	Tự Nhiên
Normal	Bình Thường
Novo	Mới
Orgulhoso	Tự Hào
Produtivo	Màu Mỡ
Puro	Thuần
Quente	Nóng
Salgado	Mặn
Saudável	Khỏe Mạnh
Seco	Khô
Selvagem	Hoang Dã

Agronomia
Nông Học

Agricultura	Nông Nghiệp
Ambiente	Môi Trường
Água	Nước
Ciência	Khoa Học
Crescimento	Sự Phát Triển
Doenças	Bệnh
Ecologia	Sinh Thái
Energia	Năng Lượng
Erosão	Xói Mòn
Fertilizante	Phân Bón
Legumes	Rau
Orgânico	Hữu Cơ
Plantas	Cây
Poluição	Ô Nhiễm
Produção	Sản Xuất
Rural	Nông Thôn
Sementes	Hạt Giống
Sistemas	Hệ Thống
Solo	Đất
Sustentável	Bền Vững

Antártica
Nam Cực

Ambiente	Môi Trường
Água	Nước
Baía	Vịnh
Baleias	Cá Voi
Científico	Khoa Học
Conservação	Bảo Tồn
Continente	Lục Địa
Exploração	Thăm Dò
Geleiras	Sông Băng
Gelo	Băng
Geografia	Môn địa Lý
Ilhas	Đảo
Migração	Di Cư
Minerais	Khoáng Sản
Pássaros	Chim
Península	Bán Đảo
Pinguins	Chim Cánh Cụt
Rochoso	Rocky
Temperatura	Nhiệt Độ
Topografia	Địa Hình

Antiguidades
Đồ Cổ

Arte	Nghệ Thuật
Autêntico	Thật
Coletor	Thu
Decorativo	Trang Trí
Elegante	Thanh Lịch
Entusiasta	Enthusiast
Escultura	Điêu Khắc
Estilo	Phong Cách
Galeria	Bộ sưu Tập
Investimento	Đầu Tư
Item	Mục
Leilão	Đấu Giá
Mobiliário	Đồ nội Thất
Moedas	Đồng Xu
Preço	Giá
Qualidade	Chất Lượng
Restauração	Phục Hồi
Século	Thế Kỷ
Valor	Giá Trị
Velho	Cũ

Aquecimento Global
Sự Nóng lên Toàn Cầu

Agora	Bây Giờ
Ambiental	Môi Trường
Atenção	Chú Ý
Ártico	Bắc Cực
Cientista	Nhà Khoa Học
Clima	Khí Hậu
Consequências	Hậu Quả
Crise	Khủng Hoảng
Dados	Dữ Liệu
Desenvolvimento	Phát Triển
Energia	Năng Lượng
Futuro	Tương Lai
Gás	Khí
Gerações	Các thế Hệ
Governo	Chính Phủ
Indústria	Công Nghiệp
Internacional	Quốc Tế
Legislação	Pháp Luật
Populações	Dân
Temperaturas	Nhiệt Độ

Arqueologia
Khảo cổ Học

Análise	Phân Tích
Anos	Năm
Avaliação	Đánh Giá
Cerâmica	Đồ Gốm
Civilização	Nền văn Minh
Desconhecido	Không Rõ
Equipe	Đội
Era	Kỷ Nguyên
Especialista	Chuyên Gia
Esquecido	Quên
Fóssil	Hóa Thạch
Fragmentos	Mảnh
Mistério	Bí Ẩn
Objetos	Đối Tượng
Ossos	Xương
Professor	Giáo Sư
Relíquia	Di Tích
Ruínas	Tàn Tích
Templo	Ngôi Đền
Túmulo	Mộ

Artes Visuais
Nghệ Thuật thị Giác

Argila	Đất Sét
Arquitetura	Kiến Trúc
Artista	Nghệ Sĩ
Caneta	Cái Bút
Cavalete	Vẽ
Cera	Sáp
Cerâmica	Đồ Gốm
Composição	Thành Phần
Criatividade	Sáng Tạo
Escultura	Điêu Khắc
Estêncil	Giấy Nến
Filme	Phim Ảnh
Fotografia	Ảnh Chụp
Giz	Phấn
Lápis	Bút Chì
Obra-Prima	Kiệt Tác
Perspectiva	Quan Điểm
Pintura	Bức Tranh
Retrato	Chân Dung

Astronomia
Thiên văn Học

Astronauta	Phi Hành Gia
Celestial	Thiên
Céu	Bầu Trời
Cometa	Sao Chổi
Constelação	Chòm Sao
Cosmos	Vũ Trụ
Eclipse	Nhật Thực
Equinócio	Phân
Foguete	Tên Lửa
Galáxia	Thiên Hà
Gravidade	Trọng Lực
Lua	Mặt Trăng
Meteoro	Sao Băng
Nebulosa	Tinh Vân
Observatório	Đài Quan Sát
Planeta	Hành Tinh
Radiação	Bức Xạ
Satélite	Vệ Tinh
Supernova	Siêu tân Tinh
Terra	Trái Đất

Atividades e Lazer
Và các Hoạt Động Giải Trí

Acampamento	Cắm Trại
Arte	Nghệ Thuật
Basquete	Bóng Rổ
Beisebol	Bóng Chày
Boxe	Quyền Anh
Futebol	Bóng Đá
Golfe	Golf
Hobbies	Sở Thích
Jardinagem	Làm Vườn
Mergulho	Lặn
Natação	Bơi Lội
Pesca	Câu Cá
Pintura	Bức Tranh
Relaxante	Thư Giãn
Surfe	Lướt
Tênis	Quần Vợt
Viagem	Du Lịch
Voleibol	Bóng Chuyền

Aviões
Máy Bay

Altitude	Độ Cao
Altura	Chiều Cao
Ar	Không Khí
Aterrissagem	Đổ Bộ
Balão	Bóng
Céu	Bầu Trời
Combustível	Nhiên Liệu
Construção	Xây Dựng
Descida	Hạ Xuống
Direção	Hướng
Hélices	Cánh Quạt
Hidrogênio	Hydro
História	Lịch Sử
Motor	Động Cơ
Passageiro	Hành Khách
Piloto	Phi Công
Tempo	Thời Tiết
Tripulação	Phi Hành Đoàn
Turbulência	Nhiễu Loạn

Água
Nước

Canal	Kênh
Chuva	Mưa
Chuveiro	Vòi hoa Sen
Evaporação	Bay Hơi
Furacão	Cơn Bão
Geada	Sương Giá
Gelo	Nước Đá
Geyser	Geyser
Inundação	Lũ Lụt
Irrigação	Thủy Lợi
Lago	Hồ
Monção	Gió Mùa
Neve	Tuyết
Oceano	Đại Dương
Ondas	Sóng
Potável	Uống
Rio	Sông
Umidade	Độ Ẩm
Vapor	Hơi Nước

Álgebra
Đại số Học

Diagrama	Sơ Đồ
Equação	Phương Trình
Expoente	Mũ
Falso	Sai
Fator	Tố
Fórmula	Công Thức
Fração	Phân Số
Infinito	Vô Hạn
Linear	Tuyến Tính
Matriz	Ma Trận
Número	Số
Parêntese	Ngoặc
Problema	Vấn Đề
Quantidade	Số Lượng
Simplificar	Đơn Giản Hóa
Solução	Giải Pháp
Soma	Tổng
Subtração	Phép Trừ
Variável	Biến
Zero	Số Không

Barcos
Thuyền

Âncora	Neo
Balsa	Phà
Bóia	Phao
Caiaque	Kayak
Canoa	Xuồng
Corda	Dây Thừng
Doca	Dock
Iate	Du Thuyền
Jangada	Bè
Lago	Hồ
Mar	Biển
Maré	Thủy Triều
Marinheiro	Thủy Thủ
Mastro	Cột Buồm
Motor	Động Cơ
Náutico	Hải Lý
Oceano	Đại Dương
Ondas	Sóng
Rio	Sông
Tripulação	Phi Hành Đoàn

Beleza
Sắc Đẹp

Batom	Son Môi
Cachos	Curls
Charme	Quyến Rũ
Cor	Màu
Cosméticos	Mỹ Phẩm
Elegante	Thanh Lịch
Elegância	Sang Trọng
Espelho	Gương
Estilista	Stylist
Fotogênico	Ăn Ảnh
Fragrância	Hương Thơm
Graça	Ân
Maquiagem	Trang Điểm
Óleos	Dầu
Pele	Da
Rímel	Mascara
Serviços	Dịch Vụ
Suave	Mịn
Tesoura	Kéo
Xampu	Dầu Gội

Biologia
Sinh Học

Anatomia	Giải Phẫu Học
Bactérias	Vi Khuẩn
Célula	Tế Bào
Colagénio	Collagen
Cromossoma	Nhiễm sắc Thể
Embrião	Phôi
Enzima	Enzyme
Evolução	Tiến Hóa
Fotossíntese	Quang Hợp
Hibernação	Ngủ Đông
Hormona	Hormone
Mutação	Đột Biến
Natural	Tự Nhiên
Nervo	Thần Kinh
Osmose	Thẩm Thấu
Plantas	Cây
Proteína	Protein
Respiração	Hô Hấp
Réptil	Bò Sát
Simbiose	Cộng Sinh

Boxe
Quyền Anh

Árbitro	Trọng Tài
Canto	Góc
Chutar	Đá
Corpo	Cơ Thể
Cotovelo	Khuỷu Tay
Exausta	Kiệt Sức
Foco	Tiêu Điểm
Força	Sức Mạnh
Habilidade	Kỹ Năng
Lesões	Chấn Thương
Lutador	Đấu Sĩ
Luvas	Găng Tay
Oponente	Đối Thủ
Pontos	Điểm
Punho	Nắm Tay
Queixo	Cằm
Recuperação	Phục Hồi
Sino	Chuông

Café
Cà Phê

Açúcar	Đường
Amargo	Đắng
Aroma	Thơm
Assado	Rang
Água	Nước
Bebida	Đồ Uống
Cafeína	Caffeine
Copa	Cốc
Creme	Kem
Filtro	Bộ Lọc
Leite	Sữa
Líquido	Chất Lỏng
Manhã	Buổi Sáng
Moer	Xay
Origem	Gốc
Preço	Giá
Preto	Đen
Sabor	Hương Vị

Caminhada
Đi bộ Đường Dài

Acampamento	Cắm Trại
Animais	Động Vật
Água	Nước
Botas	Giày Ống
Cansado	Mệt
Clima	Khí Hậu
Guias	Hướng Dẫn
Mapa	Bản Đồ
Montanha	Núi
Natureza	Thiên Nhiên
Orientação	Sự Định Hướng
Parques	Công Viên
Pedras	Đá
Penhasco	Vách Đá
Perigos	Mối Nguy Hiểm
Pesado	Nặng
Preparação	Chuẩn Bị
Selvagem	Hoang Dã
Sol	Mặt Trời
Tempo	Thời Tiết

Casa
Nhà Ở

Biblioteca	Thư Viện
Cerca	Hàng Rào
Chaves	Chìa Khóa
Chuveiro	Vòi hoa Sen
Cortinas	Rèm Cửa
Cozinha	Nhà Bếp
Espelho	Gương
Garagem	Ga-Ra
Janela	Cửa Sổ
Jardim	Vườn
Lareira	Lò Sưởi
Mobiliário	Đồ nội Thất
Parede	Tường
Porta	Cửa
Quarto	Phòng
Sótão	Gác Xép
Tapete	Thảm
Teto	Trần
Torneira	Vòi
Vassoura	Chổi

Chocolate
Sô-Cô-La

Açúcar	Đường
Amargo	Đắng
Amendoins	Đậu Phộng
Antioxidante	Antioxidant
Aroma	Thơm
Cacau	Cacao
Calorias	Calo
Caramelo	Caramel
Coco	Dừa
Delicioso	Ngon
Doce	Ngọt
Exótico	Kỳ Lạ
Favorito	Yêu Thích
Gosto	Vị
Ingrediente	Thành Phần
Pó	Bột
Qualidade	Chất Lượng
Receita	Công Thức
Sabor	Hương Vị

Churrascos
Ăn Thịt Nướng

Almoço	Bữa Trưa
Convite	Lời Mời
Crianças	Trẻ Em
Facas	Dao
Família	Gia Đình
Fome	Đói
Frango	Gà
Fruta	Trái Cây
Grelha	Nướng
Jantar	Bữa Tối
Jogos	Trò Chơi
Legumes	Rau
Molho	Nước Xốt
Música	Âm Nhạc
Pimenta	Tiêu
Quente	Nóng
Sal	Muối
Saladas	Salads
Tomates	Cà Chua
Verão	Mùa Hè

Ciência
Khoa Học

Átomo	Nguyên Tử
Cientista	Nhà Khoa Học
Clima	Khí Hậu
Dados	Dữ Liệu
Evolução	Tiến Hóa
Experiência	Thí Nghiệm
Fato	Thực Tế
Física	Vật Lý
Fóssil	Hóa Thạch
Gravidade	Trọng Lực
Hipótese	Giả Thuyết
Método	Phương Pháp
Minerais	Khoáng Sản
Moléculas	Phân Tử
Natureza	Thiên Nhiên
Observação	Quan Sát
Partículas	Hạt
Plantas	Cây
Químico	Hóa Chất

Clima
Thời Tiết

Arco-Íris	Cầu Vồng
Atmosfera	Không Khí
Céu	Bầu Trời
Clima	Khí Hậu
Furacão	Cơn Bão
Gelo	Nước Đá
Monção	Gió Mùa
Nevoeiro	Sương Mù
Nuvem	Đám Mây
Polar	Cực
Relâmpago	Sét
Seca	Hạn Hán
Seco	Khô
Temperatura	Nhiệt Độ
Tempestade	Bão Táp
Tornado	Lốc Xoáy
Tropical	Nhiệt Đới
Trovão	Sấm Sét
Úmido	Ẩm Ướt
Vento	Gió

Comida # 2
Thực Phẩm #2

Alcachofra	Atisô
Amêndoa	Hạnh Nhân
Arroz	Gạo
Banana	Chuối
Beringela	Cà Tím
Brócolis	Bông cải Xanh
Cereja	Quả anh Đào
Chocolate	Sô cô La
Cogumelo	Nấm
Frango	Gà
Iogurte	Sữa Chua
Kiwi	Quả Kiwi
Maçã	Táo
Ovo	Trứng
Peixe	Cá
Presunto	Giăm Bông
Queijo	Phô Mai
Tomate	Cà Chua
Trigo	Lúa Mì
Uva	Nho

Comida #1
Thực Phẩm #1

Açúcar	Đường
Alho	Tỏi
Amendoim	Đậu Phụng
Atum	Cá Ngừ
Bolo	Bánh
Canela	Quế
Cebola	Hành
Cenoura	Cà Rốt
Cevada	Lúa Mạch
Damasco	Quả Mơ
Espinafre	Rau Bina
Leite	Sữa
Limão	Chanh
Manjericão	Húng Quế
Morango	Dâu Tây
Nabo	Củ Cải
Sal	Muối
Salada	Salad
Sopa	Súp
Suco	Nước Ép

Corpo Humano
Cơ thể con Người

Boca	Miệng
Cabeça	Đầu
Cérebro	Óc
Coração	Tim
Cotovelo	Khuỷu Tay
Dedo	Ngón Tay
Joelho	Đầu Gối
Mandíbula	Hàm
Mão	Tay
Nariz	Mũi
Olho	Mắt
Ombro	Vai
Orelha	Tai
Pele	Da
Perna	Chân
Pescoço	Cổ
Queixo	Cằm
Sangue	Máu
Testa	Trán
Tornozelo	Mắt Cá

Criatividade
Sự Sáng Tạo

Artístico	Nghệ Thuật
Autenticidade	Tính xác Thực
Clareza	Rõ Ràng
Dramático	Kịch
Emoções	Cảm Xúc
Espontânea	Tự Phát
Expressão	Biểu Hiện
Fluidez	Lỏng
Habilidade	Kỹ Năng
Imagem	Ảnh
Impressão	Ấn Tượng
Inspiração	Cảm Hứng
Intensidade	Cường Độ
Intuição	Trực Giác
Inventivo	Sáng Tạo
Sensação	Cảm Giác
Visões	Tầm Nhìn
Vitalidade	Sức Sống

Dança
Nhảy

Academia	Học Viện
Alegre	Vui Vẻ
Arte	Nghệ Thuật
Clássico	Cổ Điển
Coreografia	Choreography
Corpo	Cơ Thể
Cultura	Văn Hoá
Cultural	Văn Hóa
Emoção	Cảm Xúc
Graça	Ân
Movimento	Phong Trào
Música	Âm Nhạc
Parceiro	Đối Tác
Postura	Tư Thế
Ritmo	Nhịp
Saltar	Nhảy
Tradicional	Truyền Thống
Visual	Trực Quan

Dias e Meses
Ngày và Tháng

Abril	Tháng Tư
Agosto	Ngày
Ano	Năm
Calendário	Lịch
Dezembro	Tháng 12
Domingo	Chủ Nhật
Fevereiro	Tháng Hai
Janeiro	Tháng Một
Julho	Tháng Bảy
Junho	Tháng Sáu
Mês	Tháng
Outubro	Tháng Mười
Quarta-Feira	Thứ Tư
Quinta-Feira	Thứ Năm
Sábado	Thứ Bảy
Segunda-Feira	Thứ Hai
Semana	Tuần
Setembro	Tháng 9
Sexta-Feira	Thứ Sáu
Terça	Thứ Ba

Diplomacia
Ngoại Giao

Cidadãos	Công Dân
Comunidade	Cộng Đồng
Conflito	Xung Đột
Consultor	Cố Vấn
Cooperação	Hợp Tác
Diplomático	Ngoại Giao
Discussão	Thảo Luận
Embaixada	Đại sứ Quán
Embaixador	Đại Sứ
Ética	Đạo Đức
Governo	Chính Phủ
Humanitário	Nhân Đạo
Integridade	Toàn Vẹn
Justiça	Sự Công Bằng
Línguas	Ngôn Ngữ
Política	Chính Trị
Resolução	Nghị Quyết
Segurança	An Ninh
Solução	Giải Pháp
Tratado	Hiệp Ước

Dirigindo
Điều Khiển

Acidente	Tai Nạn
Carro	Xe Hơi
Combustível	Nhiên Liệu
Cuidado	Thận Trọng
Estrada	Đường
Freios	Phanh
Garagem	Ga-Ra
Gás	Khí
Licença	Giấy Phép
Mapa	Bản Đồ
Motocicleta	Xe Máy
Motor	Động Cơ
Pedestre	Đi Bộ
Perigo	Nguy Hiểm
Polícia	Cảnh Sát
Rua	Đường Phố
Segurança	An Toàn
Transporte	Vận Chuyển
Tráfego	Giao Thông
Túnel	Đường Hầm

Disciplinas Científicas
Các Ngành Khoa Học

Anatomia	Giải Phẫu Học
Arqueologia	Khảo cổ Học
Astronomia	Thiên văn Học
Biologia	Sinh Học
Bioquímica	Hóa Sinh
Botânica	Thực vật Học
Cinesiologia	Kinesiology
Ecologia	Sinh Thái
Fisiologia	Sinh lý Học
Geologia	Địa Chất Học
Imunologia	Miễn Dịch
Linguística	Ngôn Ngữ
Mecânica	Cơ Khí
Meteorologia	Khí Tượng Học
Mineralogia	Khoáng
Neurologia	Thần Kinh
Psicologia	Tâm Lý
Química	Hóa Học
Sociologia	Xã hội Học
Zoologia	Động vật Học

Doença
Bệnh

Abdominal	Bụng
Alergias	Dị Ứng
Bacteriano	Vi Khuẩn
Contagioso	Lây Nhiễm
Coração	Tim
Corpo	Cơ Thể
Crônica	Mãn Tính
Cura	Chữa Bệnh
Fraco	Yếu
Hereditário	Di Truyền
Imunidade	Miễn Dịch
Inflamação	Viêm
Lombar	Thắt Lưng
Ossos	Xương
Patógenos	Mầm Bệnh
Pulmonar	Phổi
Respiratório	Hô Hấp
Saúde	Sức Khỏe
Síndrome	Hội Chứng
Terapia	Trị Liệu

Ecologia
Sinh Thái Học

Clima	Khí Hậu
Comunidades	Cộng Đồng
Diversidade	Đa Dạng
Espécies	Loài
Fauna	Động Vật
Flora	Flora
Global	Toàn Cầu
Marinho	Biển
Montanhas	Núi
Natural	Tự Nhiên
Natureza	Thiên Nhiên
Pântano	Marsh
Plantas	Cây
Recursos	Tài Nguyên
Seca	Hạn Hán
Sobrevivência	Sự Sống Còn
Sustentável	Bền Vững
Vegetação	Thực Vật

Edifícios
Các tòa Nhà

Apartamento	Căn Hộ
Cabine	Cabin
Castelo	Lâu Đài
Catedral	Nhà Thờ
Celeiro	Vựa
Embaixada	Đại sứ Quán
Escola	Trường Học
Estádio	Sân vận Động
Fazenda	Nông Trại
Fábrica	Nhà Máy
Garagem	Ga-Ra
Hospital	Bệnh Viện
Hotel	Khách Sạn
Museu	Bảo Tàng
Observatório	Đài Quan Sát
Supermercado	Siêu Thị
Teatro	Rạp Hát
Tenda	Lều
Torre	Tháp
Universidade	Đại Học

Emoções
Những cảm Xúc

Alegria	Niềm Vui
Amor	Yêu
Animado	Bị Kích Thích
Bem-Aventurança	Bliss
Bondade	Lòng Tốt
Calmo	Lặng
Conteúdo	Nội Dung
Envergonhado	Xấu Hổ
Grato	Tri Ân
Medo	Nỗi Sợ
Paz	Hòa Bình
Raiva	Sự Phẫn Nộ
Relaxado	Thư Giãn
Satisfeito	Hài Lòng
Simpatia	Cảm Thông
Ternura	Dịu Dàng
Tédio	Chán Nản
Tranquilidade	Yên Bình
Tristeza	Nỗi Buồn

Energia
Năng Lượng

Ambiente	Môi Trường
Bateria	Pin
Calor	Nhiệt
Carbono	Carbon
Combustível	Nhiên Liệu
Diesel	Diesel
Elétrico	Điện
Elétron	Điện Tử
Entropia	Entropy
Fóton	Photon
Gasolina	Xăng
Hidrogênio	Hydro
Indústria	Công Nghiệp
Motor	Động Cơ
Nuclear	Hạt Nhân
Poluição	Ô Nhiễm
Renovável	Tái Tạo
Sol	Mặt Trời
Turbina	Tua-Bin
Vento	Gió

Engenharia
Kỹ Thuật

Atrito	Ma Sát
Ângulo	Góc
Cálculo	Tính Toán
Construção	Xây Dựng
Diagrama	Sơ Đồ
Diâmetro	Đường Kính
Diesel	Diesel
Dimensões	Kích Thước
Distribuição	Phân Phối
Eixo	Trục
Energia	Năng Lượng
Estabilidade	Ổn Định
Estrutura	Kết Cấu
Força	Sức Mạnh
Líquido	Chất Lỏng
Máquina	Máy
Medição	Đo
Motor	Động Cơ
Profundidade	Độ Sâu
Propulsão	Đẩy

Especiarias
Gia Vị

Açafrão	Nghệ Tây
Alcaçuz	Cam Thảo
Alho	Tỏi
Amargo	Đắng
Anis	Cây Hồi
Azedo	Chua
Baunilha	Vani
Canela	Quế
Cardamomo	Thảo Quả
Caril	Cà Ri
Cebola	Hành
Coentro	Rau Mùi
Cominho	Cây thì Là
Doce	Ngọt
Funcho	Thì Là
Gengibre	Gừng
Noz-Moscada	Nhục đậu Khấu
Pimenta	Tiêu
Sabor	Hương Vị
Sal	Muối

Ética
Đạo Đức

Altruísmo	Lòng vị Tha
Bondade	Lòng Tốt
Compaixão	Thương Hại
Cooperação	Hợp Tác
Dignidade	Nhân Phẩm
Diplomático	Ngoại Giao
Filosofia	Triết Học
Honestidade	Trung Thực
Humanidade	Nhân Loại
Individualismo	Cá Nhân
Integridade	Toàn Vẹn
Otimismo	Lạc Quan
Paciência	Kiên Nhẫn
Razoável	Hợp Lý
Respeitoso	Tôn Trọng
Sabedoria	Sự Khôn Ngoan
Tolerância	Khoan Dung
Valores	Giá Trị

Família
Gia Đình

Antepassado	Tổ Tiên
Avó	Bà
Avô	Ông
Criança	Con
Crianças	Trẻ Em
Esposa	Vợ
Filha	Con Gái
Infância	Thời thơ Ấu
Irmã	Em Gái
Irmão	Anh Trai
Marido	Chồng
Mãe	Mẹ
Pai	Cha
Primo	Em Họ
Sobrinha	Cháu Gái
Sobrinho	Cháu
Tia	Dì
Tio	Chú

Fazenda #1
Trang Trại số 1

Abelha	Con Ong
Agricultura	Nông Nghiệp
Arroz	Gạo
Água	Nước
Bezerro	Bắp Chân
Burro	Donkey
Cabra	Dê
Campo	Trường
Cavalo	Ngựa
Cão	Chó
Cerca	Hàng Rào
Corvo	Con Quạ
Feno	Cỏ Khô
Fertilizante	Phân Bón
Frango	Gà
Gato	Con Mèo
Mel	Mật Ong
Porco	Lợn
Rebanho	Đàn
Vaca	Bò

Fazenda #2
Trang Trại số 2

Agricultor	Nông Dân
Animais	Động Vật
Celeiro	Vựa
Cevada	Lúa Mạch
Colmeia	Tổ Ong
Fruta	Trái Cây
Ganso	Ngỗng
Irrigação	Thủy Lợi
Leite	Sữa
Maduro	Chín
Milho	Ngô
Ovelha	Cừu
Pato	Vịt
Pomar	Thẻ
Prado	Đồng Cỏ
Trator	Máy Kéo
Trigo	Lúa Mì
Vegetal	Rau

Férias #2
Kỳ Nghỉ số 2

Acampamento	Cắm Trại
Aeroporto	Sân Bay
Destino	Điểm Đến
Estrangeiro	Ngoại Quốc
Feriado	Ngày Lễ
Fotos	Ảnh
Hotel	Khách Sạn
Ilha	Đảo
Lazer	Giải Trí
Mapa	Bản Đồ
Mar	Biển
Montanhas	Núi
Passaporte	Hộ Chiếu
Praia	Bãi Biển
Táxi	Xe tắc Xi
Tenda	Lều
Transporte	Vận Chuyển
Viagem	Hành Trình
Visto	Thị Thực

Ficção Científica
Khoa học Viễn Tưởng

Atómico	Nguyên Tử
Clones	Nhái
Distante	Xa Xôi
Distopia	Dystopia
Explosão	Nổ
Extremo	Cực
Fantástico	Tuyệt Vời
Fogo	Lửa
Futurista	Tương Lai
Galáxia	Thiên Hà
Ilusão	Ảo Giác
Imaginário	Tưởng Tượng
Livros	Sách
Misterioso	Bí Ẩn
Mundo	Thế Giới
Oráculo	Oracle
Planeta	Hành Tinh
Realista	Thực Tế
Tecnologia	Công Nghệ
Utopia	Utopia

Filantropia
Hoạt Động từ Thiện

Caridade	Từ Thiện
Comunidade	Cộng Đồng
Contatos	Liên Lạc
Crianças	Trẻ Em
Doar	Tặng
Finança	Tài Chính
Fundos	Quỹ
Generosidade	Thế Hệ
Global	Toàn Cầu
Grupos	Nhóm
História	Lịch Sử
Honestidade	Trung Thực
Humanidade	Nhân Loại
Juventude	Thanh Niên
Missão	Nhiệm Vụ
Necessidade	Cần
Objetivos	Mục Tiêu
Pessoas	Người
Programas	Chương Trình
Público	Công Cộng

Física
Vật Lý

Aceleração	Gia Tốc
Átomo	Nguyên Tử
Caos	Hỗn Loạn
Densidade	Mật Độ
Elétron	Điện Tử
Expansão	Mở Rộng
Fórmula	Công Thức
Frequência	Tần Số
Gás	Khí
Gravidade	Trọng Lực
Magnetismo	Từ Tính
Massa	Khối Lượng
Mecânica	Cơ Khí
Molécula	Phân Tử
Motor	Động Cơ
Nuclear	Hạt Nhân
Partícula	Hạt
Químico	Hóa Chất
Universal	Phổ
Velocidade	Vận Tốc

Flores
Những Bông Hoa

Buquê	Bó Hoa
Dente-De-Leão	Bồ Công Anh
Gardênia	Gardenia
Girassol	Hướng Dương
Hibisco	Dâm Bụt
Jasmim	Jasmine
Lavanda	Hoa oải Hương
Lilás	Tử Đinh Hương
Lírio	Hoa loa Kèn
Magnólia	Magnolia
Margarida	Daisy
Orquídea	Phong Lan
Papoula	Poppy
Peônia	Hoa mẫu Đơn
Pétala	Cánh Hoa
Plumeria	Plumeria
Rosa	Hoa Hồng
Trevo	Cỏ ba Lá
Tulipa	Lời Khuyên

Floresta Tropical
Rừng mưa Nhiệt Đới

Botânico	Thực Vật
Clima	Khí Hậu
Comunidade	Cộng Đồng
Diversidade	Đa Dạng
Espécies	Loài
Indígena	Bản Địa
Insetos	Côn Trùng
Musgo	Rêu
Natureza	Thiên Nhiên
Nuvens	Đám Mây
Pássaros	Chim
Preservação	Sự bảo Tồn
Refúgio	Refuge
Respeito	Sự tôn Trọng
Restauração	Phục Hồi
Selva	Rừng
Sobrevivência	Sự Sống Còn
Valioso	Quý

Força e Gravidade
Lực Lượng và Trọng Lực

Atrito	Ma Sát
Centro	Trung Tâm
Descoberta	Khám Phá
Dinâmico	Năng Động
Distância	Khoảng Cách
Eixo	Trục
Expansão	Mở Rộng
Física	Vật Lý
Magnetismo	Từ Tính
Magnitude	Cường Độ
Mecânica	Cơ Khí
Movimento	Cử Động
Órbita	Quỹ Đạo
Peso	Cân Nặng
Planetas	Hành Tinh
Pressão	Sức Ép
Propriedades	Tính Chất
Rapidez	Tốc Độ
Tempo	Thời Gian
Universal	Phổ

Frutas
Trái Cây

Abacate	Trái Bơ
Abacaxi	Dứa
Amora	Blackberry
Baga	Quả Mọng
Banana	Chuối
Cereja	Quả anh Đào
Coco	Dừa
Damasco	Quả Mơ
Figo	Hình
Framboesa	Mâm Xôi
Kiwi	Quả Kiwi
Laranja	Cam
Limão	Chanh
Maçã	Táo
Mamão	Đu Đủ
Manga	Trái Xoài
Nectarina	Cây Xuân Đào
Pera	Lê
Pêssego	Đào
Uva	Nho

Geografia
Môn địa Lý

Altitude	Độ Cao
Atlas	Atlas
Cidade	Thành Phố
Continente	Lục Địa
Hemisfério	Bán Cầu
Ilha	Đảo
Latitude	Vĩ Độ
Mapa	Bản Đồ
Mar	Biển
Meridiano	Kinh Tuyến
Montanha	Núi
Mundo	Thế Giới
Norte	Bắc
Oceano	Đại Dương
Oeste	Hướng Tây
País	Quốc Gia
Região	Khu Vực
Rio	Sông
Sul	Phía Nam
Território	Lãnh Thổ

Geologia
Địa Chất Học

Ácido	Axit
Camada	Lớp
Caverna	Hang Động
Cálcio	Calcium
Continente	Lục Địa
Coral	San Hô
Cristais	Tinh Thể
Erosão	Xói Mòn
Estalactite	Nhũ Đá
Estalagmites	Măng Đá
Fóssil	Hóa Thạch
Lava	Dung Nham
Minerais	Khoáng Sản
Pedra	Đá
Platô	Cao Nguyên
Quartzo	Thạch Anh
Sal	Muối
Terremoto	Động Đất
Vulcão	Núi Lửa
Zona	Vùng

Geometria
Hình Học

Altura	Chiều Cao
Ângulo	Góc
Cálculo	Tính Toán
Círculo	Vòng Tròn
Curva	Đường Cong
Diâmetro	Đường Kính
Dimensão	Kích Thước
Equação	Phương Trình
Horizontal	Ngang
Lógica	Hợp Lý
Massa	Khối Lượng
Mediana	Trung Bình
Paralelo	Song Song
Proporção	Tỷ Lệ
Segmento	Khúc
Simetria	Đối Xứng
Superfície	Bề Mặt
Teoria	Học Thuyết
Triângulo	Tam Giác
Vertical	Thẳng Đứng

Governo
Chính Quyền

Cidadania	Quốc Tịch
Civil	Dân Sự
Constituição	Hiến Pháp
Democracia	Dân Chủ
Discurso	Phát Biểu
Discussão	Thảo Luận
Distrito	Quận
Estado	Tiểu Bang
Igualdade	Bình Đẳng
Independência	Độc Lập
Judicial	Tư Pháp
Justiça	Sự Công Bằng
Lei	Luật
Liberdade	Tự Do
Líder	Lãnh Đạo
Monumento	Monument
Nação	Quốc Gia
Pacífico	Hòa Bình
Política	Chính Trị
Símbolo	Biểu Tượng

Herbalismo
Chủ Nghĩa Thảo Dược

Açafrão	Nghệ Tây
Alecrim	Rosemary
Alho	Tỏi
Aromático	Thơm
Benéfico	Có Lợi
Estragão	Giấm
Flor	Hoa
Funcho	Thì Là
Ingrediente	Thành Phần
Jardim	Vườn
Lavanda	Hoa oải Hương
Manjericão	Húng Quế
Manjerona	Lá Kinh Giới
Orégano	Oregano
Planta	Thực Vật
Qualidade	Chất Lượng
Sabor	Hương Vị
Salsa	Mùi Tây
Tomilho	Xạ Hương
Verde	Xanh

Imigração
Nhập Cư

Administração	Sự Quản Lý
Adultos	Người Lớn
Ajuda	Giúp
Aprovação	Sự Chấp Thuận
Comunicação	Liên Lạc
Crianças	Trẻ Em
Documentos	Tài Liệu
Estresse	Căng Thẳng
Financiamento	Kinh Phí
Habitação	Nhà
Lei	Luật
Língua	Ngôn Ngữ
Negociação	Đàm Phán
Prazo	Hạn Chót
Processo	Quá Trình
Proteção	Sự bảo Vệ
Situação	Tình Hình
Solução	Giải Pháp

Instrumentos Musicais
Nhạc Cụ

Bandolim	Mandolin
Banjo	Bass
Baquetas	Đùi
Clarinete	Clarinet
Fagote	Dàn Nhạc
Flauta	Sáo
Gaita	Harmonica
Gongo	Chiêng
Harpa	Đàn Hạc
Marimba	Marimba
Pandeiro	Lục Lạc
Percussão	Gõ
Piano	Dương Cầm
Saxofone	Saxophone
Tambor	Trống
Trombone	Trombone
Trompete	Kèn
Violão	Đàn ghi Ta
Violino	Đàn vi ô Lông
Violoncelo	Cello

Jardim
Khu Vườn

Ancinho	Cào
Arbusto	Bụi Cây
Árvore	Cây
Banco	Băng Ghế
Cerca	Hàng Rào
Ervas Daninhas	Weeds
Flor	Hoa
Garagem	Ga-Ra
Grama	Cỏ
Jardim	Vườn
Lagoa	Ao
Maca	Võng
Mangueira	Vòi
Pá	Xẻng
Pomar	Thẻ
Solo	Đất
Terraço	Sân Thượng
Trampolim	Tấm Bạt
Varanda	Hiên

Jardinagem
Làm Vườn

Água	Nước
Botânico	Thực Vật
Buquê	Bó Hoa
Clima	Khí Hậu
Comestível	Ăn Được
Composto	Phân
Espécies	Loài
Exótico	Kỳ Lạ
Floral	Hoa
Folhagem	Lá
Mangueira	Vòi
Pomar	Thẻ
Recipiente	Bình
Sazonal	Mùa
Sementes	Hạt Giống
Solo	Đất
Sujeira	Bụi Bẩn
Umidade	Độ Ẩm

Jazz
Nhạc Jazz

Artista	Nghệ Sĩ
Álbum	Album
Bateria	Trống
Canção	Bài Hát
Composição	Thành Phần
Compositor	Nhà Soạn Nhạc
Concerto	Buổi hòa Nhạc
Estilo	Phong Cách
Ênfase	Nhấn Mạnh
Famoso	Nổi Danh
Favoritos	Yêu Thích
Gênero	Thể Loại
Improvisação	Hứng
Música	Âm Nhạc
Novo	Mới
Orquestra	Dàn Nhạc
Ritmo	Nhịp
Talento	Tài Năng
Técnica	Kỹ Thuật
Velho	Cũ

Literatura
Văn Học

Analogia	Tương Tự
Análise	Phân Tích
Anedota	Giai Thoại
Autor	Tác Giả
Biografia	Tiểu Sử
Comparação	So Sánh
Conclusão	Phần kết Luận
Descrição	Sự Miêu Tả
Diálogo	Hội Thoại
Estilo	Phong Cách
Ficção	Viễn Tưởng
Metáfora	Ẩn Dụ
Opinião	Ý Kiến
Poema	Bài Thơ
Poético	Thơ
Rima	Vần
Ritmo	Nhịp
Romance	Tiểu Thuyết
Tema	Chủ Đề
Tragédia	Bi Kịch

Livros
Sách

Autor	Tác Giả
Coleção	Bộ sưu Tập
Contexto	Bối Cảnh
Dualidade	Kéo Dài
Escrito	Viết
História	Câu Chuyện
Histórico	Lịch Sử
Imersão	Ngâm
Inventivo	Sáng Tạo
Leitor	Người Đọc
Literário	Văn Học
Palavras	Từ
Página	Trang
Personagem	Nhân Vật
Poema	Bài Thơ
Poesia	Thơ
Relevante	Có Liên Quan
Romance	Tiểu Thuyết
Série	Loạt
Trágico	Bi Kịch

Mamíferos
Động vật có Vú

Baleia	Cá Voi
Camelo	Lạc Đà
Canguru	Kangaroo
Castor	Hải Ly
Cavalo	Ngựa
Cão	Chó
Coelho	Thỏ
Coiote	Coyote
Elefante	Con Voi
Gato	Con Mèo
Girafa	Hươu cao Cổ
Golfinho	Cá Heo
Gorila	Khỉ Đột
Leão	Sư Tử
Lobo	Chó Sói
Macaco	Khỉ
Ovelha	Cừu
Raposa	Cáo
Touro	Bò Đực
Zebra	Ngựa Vằn

Matemática
Toán Học

Aritmética	Số Học
Ângulos	Góc
Decimal	Thập Phân
Diâmetro	Đường Kính
Equação	Phương Trình
Expoente	Mũ
Fração	Phân Số
Geometria	Hình Học
Números	Số
Paralelo	Song Song
Perímetro	Chu Vi
Perpendicular	Vuông Góc
Polígono	Đa Giác
Quadrado	Quảng Trường
Raio	Bán Kính
Retângulo	Hình chữ Nhật
Simetria	Đối Xứng
Soma	Tổng
Triângulo	Tam Giác
Volume	Âm Lượng

Material de Arte
Đồ Dùng Nghệ Thuật

Acrílico	Acrylic
Apagador	Tẩy
Aquarelas	Màu Nước
Argila	Đất Sét
Água	Nước
Cadeira	Ghế
Carvão	Than
Cavalete	Easel
Câmera	Máy Ảnh
Cola	Keo
Cores	Màu Sắc
Criatividade	Sáng Tạo
Escovas	Bàn Chải
Lápis	Bút Chì
Mesa	Bàn
Óleo	Dầu
Papel	Giấy
Pastels	Pastels
Tinta	Mực
Tintas	Sơn

Medições
Các Phép Đo

Altura	Chiều Cao
Byte	Byte
Centímetro	Centimet
Comprimento	Chiều Dài
Decimal	Thập Phân
Grama	Gram
Grau	Trình Độ
Largura	Chiều Rộng
Litro	Lít
Massa	Khối Lượng
Metro	Mét
Minuto	Phút
Onça	Ounce
Peso	Cân Nặng
Polegada	Inch
Profundidade	Độ Sâu
Quilograma	Kilôgam
Quilômetro	Kilômét
Tonelada	Tấn
Volume	Âm Lượng

Meditação
Thiền

Aceitação	Chấp Nhận
Atenção	Chú Ý
Bondade	Lòng Tốt
Clareza	Rõ Ràng
Compaixão	Thương Hại
Emoções	Cảm Xúc
Ensinamentos	Dạy
Gratidão	Lòng Biết Ơn
Hábitos	Thói Quen
Mental	Tâm Thần
Mente	Lí Trí
Movimento	Phong Trào
Música	Âm Nhạc
Natureza	Thiên Nhiên
Observação	Quan Sát
Paz	Hòa Bình
Pensamentos	Suy Nghĩ
Perspectiva	Quan Điểm
Postura	Tư Thế
Silêncio	Im Lặng

Mitologia
Thần Thoại

Arquétipo	Nguyên Mẫu
Ciúmes	Ghen
Comportamento	Hành Vi
Criação	Sáng Tạo
Criatura	Sinh Vật
Cultura	Văn Hoá
Desastre	Thảm Họa
Força	Sức Mạnh
Guerreiro	Chiến Binh
Heroína	Nữ anh Hùng
Herói	Anh Hùng
Imortalidade	Sự bất Tử
Labirinto	Mê Cung
Lenda	Truyền Thuyết
Mágico	Huyền Diệu
Monstro	Quái Vật
Mortal	Có Chết
Relâmpago	Sét
Trovão	Sấm
Vingança	Trả Thù

Moda
Thời Trang

Acessível	Phải Chăng
Bordado	Nghề Thêu
Botões	Nút
Boutique	Cửa Hàng
Caro	Đắt
Confortável	Thoải Mái
Elegante	Thanh Lịch
Estilo	Phong Cách
Medidas	Đo
Minimalista	Tối Giản
Moderno	Hiện Đại
Modesto	Khiêm Tốn
Original	Gốc
Prático	Thực Tế
Renda	Ren
Roupa	Quần Áo
Simples	Đơn Giản
Tecido	Vải
Tendência	Xu Hướng
Textura	Kết Cấu

Música
Âm Nhạc

Álbum	Album
Balada	Ballad
Cantar	Hát
Cantor	Ca Sĩ
Clássico	Cổ Điển
Coro	Điệp Khúc
Gravação	Ghi Âm
Harmonia	Hòa Hợp
Improvisar	Ứng Biến
Instrumento	Dụng Cụ
Lírico	Trữ Tình
Melodia	Giai Điệu
Microfone	Microphone
Musical	Âm Nhạc
Músico	Nhạc Sĩ
Ópera	Opera
Poético	Thơ
Ritmo	Nhịp
Tempo	Tiến Độ
Vocal	Giọng Hát

Natureza
Thiên Nhiên

Abelhas	Ong
Animais	Động Vật
Ártico	Bắc Cực
Beleza	Vẻ Đẹp
Deserto	Sa Mạc
Dinâmico	Năng Động
Erosão	Xói Mòn
Floresta	Rừng
Folhagem	Lá
Geleira	Sông Băng
Montanhas	Núi
Nevoeiro	Sương Mù
Nuvens	Đám Mây
Pacífico	Hòa Bình
Rio	Sông
Santuário	Thánh
Selvagem	Hoang Dã
Sereno	Serene
Tropical	Nhiệt Đới
Vital	Quan Trọng

Negócios
Doanh Nghiệp

Carreira	Nghề Nghiệp
Custo	Chi Phí
Desconto	Giảm Giá
Dinheiro	Tiền
Economia	Kinh Tế
Empregado	Nhân Viên
Empregador	Chủ Nhân
Empresa	Công Ty
Escritório	Văn Phòng
Fábrica	Nhà Máy
Finança	Tài Chính
Impostos	Thuế
Investimento	Đầu Tư
Loja	Cửa Tiệm
Lucro	Lợi Nhuận
Mercadoria	Hàng Hóa
Moeda	Tiền Tệ
Orçamento	Ngân Sách
Rendimento	Thu Nhập
Venda	Bán

Nutrição
Dinh Dưỡng

Amargo	Đắng
Apetite	Ngon
Calorias	Calo
Carboidratos	Carbohydrate
Comestível	Ăn Được
Dieta	Ăn Kiêng
Digestão	Tiêu Hóa
Equilibrado	Cân Bằng
Fermentação	Lên Men
Ingredientes	Thành Phần
Líquidos	Chất Lỏng
Molho	Nước Xốt
Peso	Cân Nặng
Proteínas	Protein
Qualidade	Chất Lượng
Sabor	Hương Vị
Saudável	Khỏe Mạnh
Saúde	Sức Khỏe
Toxina	Độc Tố
Vitamina	Vitamin

Números
Con Số

Cinco	Năm
Decimal	Thập Phân
Dez	Mười
Dezesseis	Mười Sáu
Dezessete	Mười Bảy
Dezoito	Mười Tám
Dois	Hai
Doze	Mười Hai
Nove	Chín
Oito	Tám
Quatorze	Mười Bốn
Quatro	Bốn
Quinze	Mười Lăm
Seis	Sáu
Sete	Bảy
Treze	Mười Ba
Três	Ba
Um	Một
Vinte	Hai Mươi
Zero	Số Không

Oceano
Đại Dương

Alga	Tảo
Atum	Cá Ngừ
Baleia	Cá Voi
Barco	Thuyền
Camarão	Tôm
Caranguejo	Cua
Coral	San Hô
Enguia	Lươn
Esponja	Bọt Biển
Golfinho	Cá Heo
Marés	Thủy Triều
Medusa	Sứa
Ostra	Hàu
Peixe	Cá
Polvo	Bạch Tuộc
Recife	Trả Lại
Sal	Muối
Tartaruga	Rùa
Tempestade	Bão Táp
Tubarão	Cá Mập

Paisagens
Phong Cảnh

Cascata	Thác Nước
Caverna	Hang
Colina	Đồi
Deserto	Sa Mạc
Estuário	Cửa Sông
Geleira	Sông Băng
Golfo	Vịnh
Ilha	Đảo
Lago	Hồ
Mar	Biển
Montanha	Núi
Oásis	Ốc Đảo
Oceano	Đại Dương
Pântano	Đầm Lầy
Península	Bán Đảo
Praia	Bãi Biển
Rio	Sông
Tundra	Lãnh Nguyên
Vale	Thung Lũng
Vulcão	Núi Lửa

Países #1
Quốc gia số 1

Alemanha	Đức
Brasil	Brazil
Camboja	Campuchia
Canadá	Canada
Egito	Ai Cập
Equador	Ecuador
Espanha	Tây ban Nha
Finlândia	Phần Lan
Iraque	Iraq
Israel	Israel
Itália	Ý
Índia	Ấn Độ
Mali	Mali
Marrocos	Morocco
Nicarágua	Nicaragua
Noruega	Na Uy
Panamá	Panama
Polônia	Ba Lan
Senegal	Senegal
Venezuela	Venezuela

Países #2
Quốc gia # 2

Albânia	Albania
Dinamarca	Đan Mạch
França	Pháp
Grécia	Hy Lạp
Haiti	Haiti
Indonésia	Indonesia
Irlanda	Ireland
Jamaica	Jamaica
Japão	Nhật Bản
Laos	Lào
Líbano	Lebanon
México	Mexico
Nepal	Nepal
Nigéria	Nigeria
Paquistão	Pakistan
Rússia	Nga
Síria	Syria
Somália	Somalia
Ucrânia	Ukraina
Uganda	Uganda

Pássaros
Chim

Avestruz	Đà Điểu
Águia	Đại Bàng
Cegonha	Cò
Cisne	Thiên Nga
Corvo	Con Quạ
Cuco	Chim Cu
Flamingo	Flamingo
Frango	Gà
Gaivota	Mòng Biển
Ganso	Ngỗng
Garça	Diệc
Ovo	Trứng
Papagaio	Con Vẹt
Pardal	Chim Sẻ
Pato	Vịt
Pavão	Công
Pelicano	Bồ Nông
Pinguim	Chim Cánh Cụt
Pombo	Chim bồ Câu
Tucano	Toucan

Pesca
Đánh bắt Cá

Água	Nước
Barbatanas	Vây
Barco	Thuyền
Brânquias	Mang
Cesta	Cái Rổ
Cozinhar	Nấu
Equipamento	Thiết Bị
Exagero	Phóng Đại
Fio	Dây
Gancho	Móc
Isca	Mồi
Lago	Hồ
Mandíbula	Hàm
Oceano	Đại Dương
Paciência	Kiên Nhẫn
Peso	Cân Nặng
Praia	Bãi Biển
Rio	Sông
Temporada	Mùa

Plantas
Cây

Arbusto	Bụi Cây
Árvore	Cây
Baga	Quả Mọng
Bambu	Tre
Botânica	Thực vật Học
Cacto	Xương Rồng
Feijão	Hạt Đậu
Fertilizante	Phân Bón
Flor	Hoa
Flora	Flora
Floresta	Rừng
Folhagem	Lá
Grama	Cỏ
Hera	Ivy
Jardim	Vườn
Musgo	Rêu
Pétala	Cánh Hoa
Raiz	Nguồn Gốc
Sol	Mặt Trời
Vegetação	Thực Vật

Política
Chính Trị

Ativista	Nhà Hoạt Động
Campanha	Chiến Dịch
Candidato	Ứng cử Viên
Comitê	Ủy Ban
Conselho	Hội Đồng
Escolha	Sự lựa Chọn
Estratégia	Chiến Lược
Ética	Đạo Đức
Governo	Chính Phủ
Igualdade	Bình Đẳng
Impostos	Thuế
Liberdade	Tự Do
Nacional	Quốc Gia
Opinião	Ý Kiến
Política	Chính Sách
Político	Chính trị Gia
Popularidade	Phổ Biến
Vitória	Chiến Thắng

Profissões #1
Nghề Nghiệp số 1

Advogado	Luật Sư
Alfaiate	Thợ May
Artista	Nghệ Sĩ
Atleta	Lực Sĩ
Banqueiro	Ngân Hàng
Bombeiro	Lính cứu Hỏa
Caçador	Thợ Săn
Cientista	Nhà Khoa Học
Dançarino	Vũ Công
Doutor	Bác Sĩ
Editor	Biên tập Viên
Embaixador	Đại Sứ
Encanador	Plumber
Enfermeira	Y Tá
Geólogo	Nhà địa Chất
Joalheiro	Jeweler
Marinheiro	Thủy Thủ
Músico	Nhạc Sĩ
Pianista	Nghệ sĩ Piano
Veterinário	Bác sĩ thú Y

Profissões #2
Nghề Nghiệp số 2

Agricultor	Nông Dân
Astronauta	Phi Hành Gia
Bibliotecário	Thủ Thư
Dentista	Nha Sĩ
Detetive	Thám Tử
Editor	Nhà Xuất Bản
Engenheiro	Kỹ Sư
Filósofo	Triết Gia
Fotógrafo	Nhiếp ảnh Gia
Ilustrador	Hoạ
Jornalista	Nhà Báo
Linguista	Nhà Ngôn Ngữ
Médico	Bác Sĩ
Piloto	Phi Công
Pintor	Họa Sĩ
Político	Chính trị Gia
Professor	Giáo Viên
Químico	Nhà hóa Học

Psicologia
Tâm lý Học

Avaliação	Đánh Giá
Clínico	Lâm Sàng
Cognição	Nhận Thức
Comportamento	Hành Vi
Compromisso	Cuộc Hẹn
Conflito	Xung Đột
Ego	Cái Tôi
Emoções	Cảm Xúc
Experiências	Kinh Nghiệm
Inconsciente	Bất Tỉnh
Infância	Thời thơ Ấu
Influências	Ảnh Hưởng
Pensamentos	Suy Nghĩ
Personalidade	Cá Tính
Problema	Vấn Đề
Realidade	Thực Tế
Sensação	Cảm Giác
Sonhos	Giấc Mơ
Subconsciente	Tiềm Thức
Terapia	Trị Liệu

Química
Hóa Học

Alcalino	Kiềm
Ácido	Axit
Calor	Nhiệt
Carbono	Carbon
Catalisador	Chất xúc Tác
Cloro	Clo
Elementos	Yếu Tố
Elétron	Điện Tử
Enzima	Enzyme
Gás	Khí
Hidrogênio	Hydro
Íon	Ion
Líquido	Chất Lỏng
Molécula	Phân Tử
Nuclear	Hạt Nhân
Orgânico	Hữu Cơ
Oxigénio	Ôxy
Peso	Cân Nặng
Sal	Muối
Temperatura	Nhiệt Độ

Restaurante # 2
Nhà Hàng số 2

Almoço	Bữa Trưa
Aperitivo	Món Khai Vị
Água	Nước
Bebida	Đồ Uống
Bolo	Bánh
Cadeira	Ghế
Colher	Cái Thìa
Delicioso	Ngon
Especiarias	Gia Vị
Fruta	Trái Cây
Garçom	Phục vụ Nam
Garfo	Cái Nĩa
Gelo	Băng
Jantar	Bữa Tối
Legumes	Rau
Macarrão	Mì
Peixe	Cá
Sal	Muối
Salada	Salad
Sopa	Súp

Roupas
Quần Áo

Avental	Tạp Dề
Blusa	Áo Cánh
Calça	Quần
Camisa	Áo sơ Mi
Chapéu	Mũ
Cinto	Thắt Lưng
Colar	Vòng Cổ
Jaqueta	Áo Khoác
Jeans	Quần Jean
Lenço	Khăn Quàng Cổ
Luvas	Găng Tay
Meias	Vớ
Moda	Thời Trang
Pijama	Pajama
Pulseira	Vòng Tay
Saia	Váy
Sandálias	Dép
Sapato	Giày
Suéter	Áo Len
Vestido	Ăn

Saúde e Bem-Estar #1
Sức Khỏe và sức Khỏe # 1

Altura	Chiều Cao
Ativo	Hoạt Động
Bactérias	Vi Khuẩn
Doutor	Bác Sĩ
Farmácia	Tiệm Thuốc
Fome	Đói
Fratura	Gãy Xương
Hábito	Thói Quen
Hormones	Kích Thích Tố
Medicina	Thuốc
Músculos	Cơ Bắp
Nervos	Dây Thần Kinh
Ossos	Xương
Pele	Da
Postura	Tư Thế
Reflexo	Phản Xạ
Relaxamento	Thư Giãn
Terapia	Trị Liệu
Tratamento	Điều Trị
Vírus	Vi Rút

Saúde e Bem-Estar #2
Sức Khỏe và sức Khỏe # 2

Alergia	Dị Ứng
Anatomia	Giải Phẫu Học
Apetite	Ngon
Caloria	Calo
Corpo	Cơ Thể
Dieta	Ăn Kiêng
Digestão	Tiêu Hóa
Doença	Bệnh
Energia	Năng Lượng
Genética	Di Truyền
Higiene	Vệ Sinh
Hospital	Bệnh Viện
Humor	Tâm Trạng
Infecção	Nhiễm Trùng
Massagem	Xoa Bóp
Peso	Cân Nặng
Recuperação	Phục Hồi
Sangue	Máu
Saudável	Khỏe Mạnh
Vitamina	Vitamin

Tecnologia
Công Nghệ

Arquivo	Tập Tin
Blog	Blog
Bytes	Nội
Câmera	Máy Ảnh
Computador	Máy Tính
Cursor	Con Trỏ
Dados	Dữ Liệu
Digital	Kỹ Thuật Số
Estatísticas	Thống Kê
Fonte	Chữ
Internet	Internet
Mensagem	Thông Điệp
Navegador	Trình Duyệt
Pesquisa	Nghiên Cứu
Segurança	An Ninh
Software	Phần Mềm
Tela	Màn
Virtual	Ảo
Vírus	Vi Rút

Tempo
Thời Gian

Agora	Bây Giờ
Ano	Năm
Antes	Trước
Anual	Hàng Năm
Calendário	Lịch
Década	Thập Kỷ
Dia	Ngày
Futuro	Tương Lai
Hoje	Hôm Nay
Hora	Giờ
Manhã	Buổi Sáng
Meio-Dia	Buổi Trưa
Mês	Tháng
Minuto	Phút
Momento	Chốc Lát
Noite	Đêm
Ontem	Hôm Qua
Relógio	Đồng Hồ
Semana	Tuần
Século	Thế Kỷ

Tipos de Cabelo
Các Loại Tóc

Branco	Trắng
Brilhante	Sáng Bóng
Cachos	Curls
Careca	Hói
Cinza	Màu Xám
Colori	Màu
Curto	Ngắn
Encaracolado	Xoăn
Fino	Mỏng
Grosso	Dày
Loiro	Tóc Vàng
Longo	Dài
Marrom	Màu Nâu
Prata	Bạc
Preto	Đen
Saudável	Khỏe Mạnh
Seco	Khô
Suave	Mềm
Trançado	Bện
Tranças	Braids

Vegetais
Rau Củ

Abóbora	Quả bí Ngô
Aipo	Cần Tây
Alcachofra	Atisô
Alho	Tỏi
Batata	Khoai Tây
Beringela	Cà Tím
Brócolis	Bông cải Xanh
Cebola	Hành
Cenoura	Cà Rốt
Chalota	Củ Hẹ
Cogumelo	Nấm
Couve-Flor	Súp Lơ
Ervilha	Đậu
Espinafre	Rau Bina
Gengibre	Gừng
Nabo	Củ Cải
Pepino	Dưa Chuột
Salada	Salad
Salsa	Mùi Tây
Tomate	Cà Chua

Veículos
Xe Cộ

Ambulância	Xe cứu Thương
Avião	Máy Bay
Balsa	Phà
Barco	Thuyền
Bicicleta	Xe Đạp
Caminhão	Xe Tải
Caravana	Caravan
Carro	Xe Hơi
Foguete	Tên Lửa
Furgão	Van
Jangada	Bè
Lambreta	Xe tay Ga
Metrô	Xe Điện Ngầm
Motor	Động Cơ
Ônibus	Xe Buýt
Pneus	Lốp
Submarino	Tàu Ngầm
Táxi	Xe tắc Xi
Trator	Máy Kéo

Parabéns

Conseguiu!

Esperamos que tenha gostado tanto deste livro como nós gostamos de o desenhar. Esforçamo-nos por criar livros da mais alta qualidade possível.
Esta edição foi concebida para proporcionar uma aprendizagem inteligente, de qualidade e divertida!

Gostou deste livro?

Um simples pedido

Estes livros existem graças às críticas que publica.
Pode ajudar-nos, deixando agora uma revisão?

Aqui está um pequeno link para
a sua página de revisão:

BestBooksActivity.com/Avaliacoes50

DESAFIO FINAL!

Desafio n° 1

Está pronto para o seu jogo grátis? Usamo-los a toda a hora, mas não são tão fáceis de encontrar - aqui estão os Sinônimos!
Escreva 5 palavras que encontrou nos puzzles (n° 21, n° 36, n° 76) e tente encontrar 2 sinónimos para cada palavra.

*Escreva 5 palavras de **Puzzle 21***

Palavras	Sinônimo 1	Sinônimo 2

*Escreva 5 palavras de **Puzzle 36***

Palavras	Sinônimo 1	Sinônimo 2

*Escreva 5 palavras de **Puzzle 76***

Palavras	Sinônimo 1	Sinônimo 2

Desafio n° 2

Agora que já aqueceu, escreva 5 palavras que encontrou nos Puzzles (n° 9, n° 17 e n° 25) e tente encontrar 2 antônimos para cada palavra. Quantos se podem encontrar em 20 minutos?

*Escreva 5 palavras de **Puzzle 9***

Palavras	Antônimo 1	Antônimo 2

*Escreva 5 palavras de **Puzzle 17***

Palavras	Antônimo 1	Antônimo 2

*Escreva 5 palavras de **Puzzle 25***

Palavras	Antônimo 1	Antônimo 2

Desafio n° 3

Óptimo! Este desafio final  não é nada para si.

Pronto para o desafio final? Escolha 10 palavras que tenha descoberto nos diferentes puzzles e escreva-as abaixo.

1.	6.
2.	7.
3.	8.
4.	9.
5.	10.

Agora escreva um texto a pensar numa pessoa, num animal ou num lugar de seu agrado.

Pode utilizar a última página deste livro como um rascunho.

A Sua Composição:

CADERNO DE NOTAS:

ATÉ BREVE!

A equipa Inteira

www.ingramcontent.com/pod-product-compliance
Lightning Source LLC
Chambersburg PA
CBHW081707120626
46550CB00010B/3040
9798896702719